Gisela Georg

W0067938

Eiko Weigand

Eine Katze namens Löwenzahn

und andere
Katzengeschichten

1. Auflage 2019
Verlag Weigand-Bücher
Text und Illustrationen
© Eiko Weigand
www.weigand-buecher.de
Alle Rechte vorbehalten
ISBN 978-3-945258-20-0

INHALT

Vorwort

Eigentlich bräuchte dieses Buch kein Vorwort. Gut, ich kann an dieser Stelle schreiben, dass es sich um sieben Geschichten handelt, die – wie schon bei meinem ersten Buch mit Katzengeschichten – alle in der Ich-Form geschrieben sind und wieder mal als Mann und mal als Frau. Geschichten von Menschen mit ihren Katzen – und nicht etwa umgekehrt. Die aus Sicht von Katzen geschriebenen basieren meist darauf, Tiere zu vermenschlichen, und laufen damit bisweilen Gefahr, ins Kitschige abzugleiten. Aber das alles könnte schließlich auch im Klappentext oder auf der Rückseite vermerkt werden.

Was ich an einem Vorwort so gern habe, ist diese etwas altmodisch anmutende Art der Freundlichkeit, man wird begrüßt, wenn nötig wird man eingeweiht oder auch eingewiesen, auf jeden Fall fühlt man sich als Leser oder Leserin wahrgenommen und gewürdigt – und genau das ist mein Anliegen.

Also dann, ich heiße Sie in diesem Buch herzlich willkommen!

Eine Katze namens
Löwenzahn

Eine Katze namens Löwenzahn

Ich bin zu meiner Katze gekommen wie die Jungfrau zum Kinde. Natürlich nicht genauso. Die Jungfrau hat, wenn sie etwas genauer nachdenkt und ehrlich mit sich ist, vielleicht doch irgendetwas mit der Sache zu tun. Bei mir war es etwas anderes. Es war aber auch kein Kind, sondern eine Katze, und ich hatte wirklich nichts damit zu tun. Dafür hatte ich dann später unheimlich viel damit zu tun, ich meine mit der Katze – aber der Reihe nach.

An einem bis dahin wunderschönen ruhigen Samstagmorgen – ich wollte mich gerade auf den Weg machen, um Brötchen zu holen – stand ein Bastkorb vor meiner Haustür, ein geschlossener mit Deckel. Er stand da einfach so, ich wäre fast darüber gestolpert. Niemand hatte geklingelt. Es war mir auch nichts angekündigt worden. Ich beugte mich runter und hörte ganz deutlich: Es kamen Geräusche aus dem Korb – Rascheln, Kratzen, etwas in diesem Korb schien zu leben.

Vorsichtig öffnete ich den Deckel einen Spalt weit und – autsch. Das Etwas hatte mich gekratzt. Außerdem fauchte es. Schnell schloss ich den Deckel wieder. Eines war klar, bei diesem Etwas handelte es sich um eine Katze. Sonst war aber nichts klar.

Ich bekam den Eindruck, dieser Tag würde nicht in seinen gewohnten ruhigen Bahnen verlaufen – ich mag so etwas nicht. Aber was sollte ich machen – es gab erst mal keine Brötchen, kein Frühstück.

Ich trug den Korb ins Haus und stellte ihn auf der Flurkommode ab. Noch einmal – wesentlich vorsichtiger in Bezug auf meine vorderen Extremitäten – hob ich den Deckel an. Da war sie, die Katze. Aber nicht lange. Sie versuchte erneut mich zu kratzen, aber diesmal, innerlich auf eine Attacke vorbereitet, wurde ich nicht verletzt. Ich zuckte zurück, gab damit aber auch unfreiwillig den Weg frei, den die Katze zur Flucht nutzte. Aber, so viel war klar, nach draußen konnte sie nicht, denn Fenster und Türen waren verschlossen.

So verfolgte ich sie nicht sofort, denn etwas anderes hatte meine Aufmerksamkeit geweckt. Da lagen noch ein Brief und ein Buch in dem Korb. Ich öffnete erst den Brief und las: „Lieber Heinrich" – der Anrede nach war der Brief an mich und dann ja wohl auch Korb inkl. Katze.

Aber von wem war der Brief? Ich schaute aufs Ende – von Marilyn – du lieber Himmel, mir schwante Fürchterliches. Eigentlich heißt diese

Marilyn ja Miriam, aber allgemein wird sie nur Marilyn genannt. Mit dem Original – der berühmten Marilyn Monroe – verbindet sie nicht nur gutes Aussehen und blondes Haar, sondern auch eine gewisse, reizende Ober- flächlichkeit, die einen – je nach Umständen – bestens unterhalten oder fürchterlich aufregen kann.

Also noch mal von vorne: „Lieber Heinrich, du bist bestimmt überrascht … und ich hoffe auch erfreut über die süße Katze – es ist ein Kater und er heißt Löwenzahn – ist das nicht ein lustiger Name?" Ja, dachte ich, wahnsinnig komisch. Aber weiter im Text: „Lieber Heinrich, ich kann nichts dafür, aber ich muss plötzlich ganz dringend weg, ein Termin auf den Seychellen, und da ich weiß, wie tierlieb du bist, dachte ich, überrasche ich doch mal mit dieser Überraschung. In Liebe, Deine Marilyn. PS Ich habe dich nicht vorher angerufen, ich habe deine Telefonnummer verlegt – PPS Ich weiß noch nicht, wann ich wieder komme – PPPS Der Kater ist manchmal ein wenig schwierig."

Wie schwierig es werden sollte, konnte ich in diesem Augenblick noch nicht ahnen. Und dann war da ja noch das Buch mit dem Titel „Kann man Katzen erziehen?", ein humorvoller Ratgeber zum Thema Katze. Würde ich das nötig haben? An sich war ich Überzeugung, ich könne ganz gut mit Tieren.

Ja, aber wo war das Tier? Es musste im Haus sein, aber mein Haus ist groß – eine Katze nicht. Ein Geräusch kam aus der Küche. Das hätte man sich ja denken können, da war ja noch der gedeckte Frühstückstisch. Auf dem Weg dorthin vernahm ich ein Klirren – hörte sich das nicht an wie Meißner Porzellan? Ich stieß die Tür auf, Löwenzahn sprang gerade vom

Tisch, sauste knapp an mir vorbei, in Richtung Treppe, rauf in den zweiten Stock – oder in den dritten? Mit dem Meißner hatte ich richtig gelegen. Vom Schinken hatte er probiert, von der Milch getrunken – oder auch nicht – auf jeden Fall hatte er das Kännchen umgestoßen und war noch einmal quer durch die Butter gelaufen.

Dieses Tier hatte offensichtlich kein Benehmen, keinerlei Erziehung genossen. Oder sollte man sagen, an der Erziehung erkannte man Marilyns Handschrift – aber ich würde das schon hinkriegen.

Also Löwenzahn war durch die Butter gelaufen, vielleicht half mir das ja weiter. Er hatte jetzt fettige Pfoten. Und richtig, seine Spur war deutlich auf den Fliesen im Flur zu erkennen. Auch noch auf dem unteren Teil der Treppe – danach war die Butter allerdings aufgebraucht, eingesogen von der hochklassigen Auslegware. Anhand der Spur wusste ich jetzt also genau das, was ich auch gesehen hatte: Der Kater war nach oben gerannt.

Meine anschließende Suche in den beiden oberen Stockwerken war aber erfolglos – der Kater blieb unauffindbar.

Ich ertappte mich bei dem Gedanken, warum ich, als alleinstehender Herr, denn nur so ein riesiges Haus habe. Ärgerlich verwarf ich ihn allerdings sofort wieder. Ich hatte mir die Situation schließlich nicht selbst eingebrockt. Ein nicht mehr zu unterdrückender Ärger kochte in mir hoch. Diese impertinente Person, fluchte ich innerlich, Marilyn würde wirklich was zu hören kriegen, wenn sie wiederkommt – ja, falls ... Mit Sicherheit hatte sie einen unwiderstehlichen und bestimmt nicht unvermögenden Herrn aufgegabelt – das konnte erstens dauern und zweitens war sie dann für die nächste Zeit unerreichbar.

Der Tag entwickelte sich in eine Richtung, die mir nicht gefiel. Ich musste mich erst mal eine Weile setzen und las ein wenig im besagten Katzenbuch. Aha, Katzen schlafen also bis zu achtzehn Stunden am Tag – bei dieser Katze eine gute Nachricht und vielleicht auch eine Erklärung, warum ich sie nicht gefunden hatte. Außerdem wurde in dem Buch Helge Schneider zitiert „Katzeklo macht die Katze froh" – daran hatte ich bisher noch gar nicht gedacht. Der Gedanke an eine Katze, die eventuell in mein sorgsam gepflegtes Heim in Ermangelung eines Katzenklos … irgendwohin … Diesen Gedanken wollte ich nicht zu Ende denken. Ich beschloss, so schnell wie möglich, ein entsprechendes Fachgeschäft aufzusuchen.

Dort angekommen fiel mir ein, dass Löwenzahn ja nicht nur ein Katzenklo brauchte, sondern sozusagen auch das Gegenteil. Mir ging es gegen den Strich, für diesen Eindringling auch noch Verpflegung zu besorgen. „Soll der doch Mäuse jagen!", grummelte ich vor mich hin. Das war natürlich Unsinn, schließlich gibt es in meinem Haus keine Mäuse. So kaufte ich Dosen- und Trockenfutter, selbstverständlich nicht das billigste, man will sich ja nicht lumpen lassen.

Und dann noch das Katzenklo. Ich ließ mich von einer Fachverkäuferin beraten, die eine Menge Fragen bezüglich meiner Katze stellte, von denen ich naheliegenderweise so gut wie keine beantworten konnte. Schließlich kannte ich von dieser Katze eigentlich nur den Namen – den zumindest fand die Verkäuferin originell oder tat aus Höflichkeit so.

Zu dem Katzenklo dazu bekam ich noch eine Monatsration Katzenstreu und eine Menge guter Ratschläge, die sich nur sehr unvollkommen in meinem Gedächtnis einnisteten.

Auf der Rückfahrt machte ich mir einige Gedanken, wie ich meinen neuen Mitbewohner am besten „zähmen" könnte. Das Fressen schien mir ein passender Schlüssel, um das Vertrauen des Katers zu gewinnen. So könnte man Nähe herstellen, eine Beziehung aufbauen, um sich dann, in aller Behutsamkeit, um die Erziehung zu kümmern. Vielleicht würde ja alles ganz nett ...

Als ich nach Hause kam, installierte ich erst mal das Katzenklo an einem strategisch guten Ort und versah es mit den Duft- und Lockstoffen, die mir die Verkäuferin empfohlen hatte.

Dann bereitete ich in der Küche eine schöne Portion thunfischhaltigen Delikatessfutters zu, denn ich hatte Folgendes geplant: Mit einem kleinen Löffel voll dieses köstlichen Futters nach oben gehen, den Kater anlocken, dann würde er mir in die Küche folgen, die ganze Portion erblicken und begeistert sein: „Alles für mich?!" Ihm würde daraufhin klar sein, dass ich sein Freund bin. So zumindest hatte ich mir das so vorgestellt.

Plan B war, für den Fall, dass es mit der Freundschaft nicht wie gewünscht klappen würde, den Moment des Fressens zu nutzen, um ihn in der Küche einzusperren. Das hätte den Vorteil, ihn nicht mehr im übrigen Haus suchen zu müssen. Ich könnte in aller Ruhe mit der Erziehung beginnen – das wäre doch gelacht, nach spätestens zwei Tagen würde dieser Kater Männchen machen!

Oft ist es so, dass man eine Sache, eine Person oder zum Beispiel eine Katze da vermutet, wo man sie zuletzt gesehen hat – ein beliebter Irrtum. Mit anderen Worten, ich ging davon aus, dass der Kater sich noch in den oberen Stockwerken befinden würde.

So war ich gerade im ersten Stock angelangt, mit dem Löffel voll Thunfischfutter, und zwitscherte: „Komm her, du liebes Kätzelein", als ich ein grässliches Klirren aus dem Esszimmer hörte. Weingläser! Das klang nach Weingläsern! Ich eilte ins Wohnzimmer: Löwenzahn hatte dem Gläserregal einen Besuch abgestattet und die stattliche Sammlung meiner Bleikristallgläser halbiert. Ich muss zugeben, ich war geschockt. Und das zu lange. Als ich wieder zu mir kam und mich an meinen ursprünglichen Plan erinnerte – der mit Vertrauen gewinnen oder auch Einsperren – und zur Küche lief, um diesen Plan umzusetzen, war der Fressnapf bereits leer und von Löwenzahn sah ich nur noch einen Schatten aus der Tür gleiten.

In den nächsten Stunden bekam ich ihn nicht mehr zu Gesicht. Es waren die Geräusche im Haus, die seine Anwesenheit verrieten. Das Umstürzen der Tiffany-Leselampe in der Bibliothek – schade, ich hatte sie sehr gemocht. Dann die große Steingutvase, auf den ersten Stufen vom dritten Stock hinunter war noch ein Bumm-bumm-bumm zu vernehmen, dann aber doch das finale Klirr – diesen Verlust konnte ich allerdings verschmerzen. Die Vase war ein Geschenk einer unliebsamen Tante, sie hatte mir nie sehr gefallen (weder Tante noch Vase). Gefallen hatte mir dagegen die Porzellanfigur im Schlafzimmer: Diana bei der Jagd, Meißen 19. Jahrhundert, bevor sie aus dem Regal gefallen war.

Ich erwähne an dieser Stelle nur Gegenstände von Wert, sonstiges wie heruntergerissene Vorhänge, zerkratzte Möbel etc. will ich gar nicht erst aufzählen.

Warum es diesem zerstörungsfreudigen Kater möglich war, so viel Chaos anzurichten, liegt an einer Besonderheit meines Hauses. Haus beschreibt

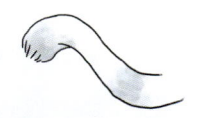

es nämlich nur unzureichend, es ist eine Villa. Und zwar eine von der Sorte, in der in früheren Zeiten hochherrschaftliche Bewohner residierten.

Mit andern Worten, es handelt sich um eine wirklich große Behausung. Es gibt viele Zimmer und Flure sowie noch mehr Durchgänge und Türen. Im hinteren Teil befindet sich sogar noch ein zweites Treppenhaus, extra für's Personal. Letzteres habe ich allerdings nicht, sondern lediglich eine Putzfrau zweimal die Woche – sie spricht von einer Lebensaufgabe. Dass man unter diesen erschwerten Bedingungen einen Kater findet, der nicht gefunden werden will, ist fast unmöglich.

Eins will ich an dieser Stelle jedoch nicht unerwähnt lassen, Löwenzahn tat zwar so ziemlich alles, um mich in den Wahnsinn zu treiben, aber er war so freundlich, die Katzentoilette zu benutzen. Das war ebenso verwunderlich, wie erfreulich. Durch die Vielzahl von Verwerfungen, die er sonst in meinem Haus anrichtete, war ich damals nicht in der seelischen Verfassung, diese Tatsache angemessen zu würdigen.

Am Abend dieses ereignisreichen Tages, fiel mir mehr oder weniger plötzlich auf, wie dumm ich doch gewesen war. Warum um alles in der Welt hatte ich die ganze Zeit so akribisch darauf geachtet, dass Löwenzahn nicht nach draußen konnte? Weil er dann nicht wiederkäme? Weil ich ihn dann vielleicht für immer verlieren würde? Weil ich dann Marilyn sagen müsste, sie solle ihren Kater sonst wo suchen? Das alles waren ja wohl eher Varianten eines sich zum Guten wendenden Schicksals. Mit ziemlicher Sicherheit, das muss ich heute mit etwas Abstand eingestehen, hätte ich ihn nie wieder in mein Haus gelassen, wenn er nur die Güte gehabt hätte, es zu verlassen.

Aber das wird er wohl gespürt haben. Meine sperrangelweit geöffnete Haustür hat er instinktiv als das wahrgenommen, was sie war: ein Falle.

Auch die Überlegung, ihn ins Tierheim zu bringen, führte nicht weiter. Die Idee wäre gut begründet gewesen, schließlich war es ja nicht meine Idee gewesen, eine Katze anzuschaffen, sondern der heimtückische Anschlag einer „Freundin". Aber um ein Tier ins Tierheim zu bringen, muss man es erst einmal einfangen.

Einfangen, das war somit das Motto meines zweiten Tages mit Löwenzahn. Die Nacht war eher ruhig gewesen. Er hatte lediglich einige Teile eines Teeservices vom Teewagen geschupst, bei dem erfolgreichen Versuch ein Sahnekännchen zu leeren. Aber sonst? Nun gut, da waren noch die beiden Orchideen im Gästebad. Die hätten sich ja wieder einpflanzen lassen, wenn die Blumentöpfe heilgeblieben wären.

Sehr ärgerlich waren dagegen die tiefen Kratzspuren im Bildschirm meines LCD-Fernseher. Bei der telefonischen Nachfrage machte mir der Mann vom Kundendienst keine Hoffnung auf eine mögliche Reparatur, sondern sprach mir nur sein tief empfundenes Beileid aus. Aber wie gesagt, es war relativ ruhig gewesen, das Meiste hatte keinen Lärm gemacht.

Am ersten Tag war ich voll und ganz damit beschäftigt gewesen, die jeweiligen Schäden zu begutachten, zu bedauern und aufzuräumen. Im Gegensatz dazu hatte ich mir für den zweiten Tag vorgenommen, Löwenzahn planmäßig einzukreisen, ihn zu fangen und dann in eine eigens besorgte Katzentransportbox einzusperren. Ich hatte dabei schnell und beherzt vorzugehen und sentimentale Anwandlungen angesichts des Verlustes liebgewonnener Gegenstände zu vermeiden. Mit andern Worten, ich war wild entschlossen, mein Heim zurückzuerobern.

Zuerst schloss ich alle Türen. Dann – das schien mir der entscheidende Schachzug – versperrte ich das hintere Treppenhaus mit einem soliden engmaschigen Netz. Dieses lange für unnütz gehaltene Utensil aus dem Gartenschuppen, fand nun endlich seine Bestimmung. Damit es seinen Zweck erfüllen konnte, musste es natürlich ordentlich befestigt werden. Die einzige schnelle und sinnvolle Methode, die mir dazu einfiel, war: Tackern – in die wertvolle Eichenvertäfelung, mir blutete das Herz, aber wo gehobelt wird, da ... gibt es Tackerlöcher.

Angesichts meiner Aktivitäten versuchte Löwenzahn mich mit diesem und jenem abzulenken. Doch ich blieb konsequent, wo auch immer es krachte und schepperte, ich verfolgte eisern meinen Plan.

Gegen 10 Uhr war ich immerhin schon so weit, dass er nicht mehr aus dem zweiten Stock herauskonnte. Immer häufiger sah ich ihn umherhuschen. Ich war ihm dicht auf den Fersen. Er schien sich ein wenig zu wundern, dass ich mich nicht mit dem von ihm angerichteten Chaos beschäftigte. Schließlich, nach drei Stunden intensiver Vorarbeit, war es soweit: Ich hatte ihn im Esszimmer isoliert. Ich zog die kratzfesten Arbeitshandschuhe an, sog tief Luft ein: Jetzt begann die eigentliche Jagd. Löwenzahn konnte nicht mehr aus dem Zimmer entkommen, war aber keineswegs gewillt, sich ohne Weiteres in Gefangenschaft zu begeben. Immer wieder wich er mir geschickt aus und ließ mich ins Leere laufen. Nun war ich es, der die Unordnung anrichtete. Bei dem Versuch, ihn zu packen, stieß ich Möbel um – Stühle, Servierwagen, Stehlampe – man kann sagen, ich war ähnlich effizient wie Löwenzahn.

Je länger ich hinter ihm her hechelte, desto mehr Spaß schien ihm die Sache zu machen. Wahrscheinlich war ihm klar geworden, dass von mir, einem eher untrainierten, leicht beleibten Herrn fortgeschrittenen Alters, keine ernsthafte Gefahr ausging. Das stachelte mich natürlich noch mehr an. Und so kann ich nicht ohne Stolz sagen, dass es mir gelang – unter Einsatz von Barrieren aus Stühlen und sonstigen Kleinmöbeln – seinen Radius entscheidend einzuengen. Dass dabei immer mehr zu Bruch ging, war mir in diesem Moment egal. Offengestanden war ich in dieser Phase außer mir, in einer mir eigentlich unbekannten extremen psychischen Verfassung – Raserei wäre wohl die passende Umschreibung. Mir lief der Schweiß in Strömen, ich schrie, ich tobte, ich fluchte und drohte und dann … dann hätte ich Löwenzahn bestimmt zu fassen gekriegt, wenn nicht …

Ich habe mich im Nachhinein oft gefragt, ob ihm die ganze Zeit klar war, dass ihm noch ein Fluchtweg offen blieb – klug wie er ist, vermute ich das. Da ist nämlich der alte Lastenaufzug, seit Jahrzehnten nicht benutzt, der die Küche im Erdgeschoss mit dem Esszimmer im ersten Stock verbindet. Im Schacht des Aufzugs ist es für eine Katze natürlich ein Leichtes, die Etagen zu wechseln.

Die Jagd war so plötzlich zu Ende – ich fiel in ein tiefes Loch. Eben noch im Zustand äußerster Erregung, den Erfolg unmittelbar vor Augen, stand ich nun mit leeren Händen da. Das überstieg meine Kräfte.

Ich schlich nach unten ins Wohnzimmer und ließ mich auf meinen ziemlich zerfledderten Lieblingssessel fallen. Mein Kopf fühlte sich vollkommen leer an – kein Ärger, keine Hoffnung, keine Panik, kein Wie-wird-es-nur-weitergehen, nur vollkommen leer.

Ich kann nicht sagen, wie lange ich dort gesessen habe. Irgendwann kam Löwenzahn um die Ecke, bereit den nächsten Blödsinn anzustellen. Er schien irritiert, dass ich nicht auf ihn reagierte. Er sah mich an, guckte genauer. Langsam kam er näher, als ob er mich das erste Mal sehen würde, setzte sich vor mich hin und musterte mich eine kleine Ewigkeit. Ich tat gar nichts, ich befand mich nach wie vor im Zustand der absoluten Leere. Ein wenig wunderte ich mich über Löwenzahn, dass er so ruhig war, und er sich wahrscheinlich über mich aus dem gleichen Grund. Plötzlich sprang er auf meinen Schoß, schaute noch einmal kurz zu mir hoch, legte sich gemütlich hin, entspannte sich und begann leise zu schnurren.

Ich bin seit damals sehr viel ruhiger geworden – Löwenzahn Gott sei Dank auch.

Tischsitten

Eigentlich ist mein Mann ganz verträglich. Er ist zu mir, seiner Frau, ausgesprochen liebevoll, fürsorglich und ungemein verlässlich. Ich kann mir keinen besseren Mann wünschen – wenn man mal von romantischen, mit männlichen Hollywoodstars besetzten Tagträumen einer fünfunddreißig-jährigen Frau absieht, aber solche Fantasien zählen ja nicht.

Mein Mann Wilbert ist 44, beruflich recht erfolgreich und verdient ordentlich, oder besser gesagt, sehr ordentlich. Was er genau macht, weiß ich gar nicht so genau, irgendwas mit Versicherungsrisikoabwägungsberech-nungen, ein Sachgebiet mit aus meiner Sicht eher begrenztem Unterhaltungs-wert. Netterweise ist Wilbert nicht darauf aus, mir seine Arbeit inhaltlich näherzubringen. Dafür liebe ich ihn – aber natürlich nicht nur dafür.

Mein eigenes Berufsleben finde ich dagegen ungemein spannend. Ich arbeite in einer kleinen exklusiven Galerie und diese Tätigkeit wäre noch bedeutend spannender, wenn öfter mal Käufer oder zumindest Interessierte vorbeikämen, anders gesagt die Umsätze sind, ich will es vorsichtig aus-drücken: unbedeutend.

Lange Zeit hatte ich mich gewundert, wovon die Galeristin Miete und mein Gehalt zahlt. Wahrscheinlich hat sie geerbt oder einen sehr gut ver-dienenden Ehemann – sie hält sich da bedeckt. Aber, was soll's, dass die Galerie nur Tarnung für internationalen Drogen- oder Waffenhandel ist, halte ich für sehr unwahrscheinlich und solange ich interessante Menschen/

Künstler kennenlerne, mich während der Arbeitszeit in der Galerie mit Freundinnen zum Kaffee treffen kann und zusätzlich auch noch pünktlich mein Gehalt bekomme, will ich mich nicht beklagen.

Mein Mann ist da beruflich schon wesentlich mehr Stress ausgesetzt. Manchmal macht sich das schon sehr bemerkbar. Da er mich aber liebt und ehrt und sich alles andere als Unfrieden zwischen uns wünscht, wir außerdem auch (noch) keine Kinder haben, über deren Fehlverhalten er sich aufregen könnte, kommt sein angestauter Ärger an anderen Stellen heraus. So meckert er dann über Politik und Politiker, gesellschaftliche Missstände, andere Verkehrsteilnehmer, rote Ampeln, allgemeine Dummheit, lässt auch Nachbarn und Freunde nicht aus und zusätzlich noch über alles, was ihm so in die Quere kommt. Das kann ziemlich viel sein und ganz schön nerven. Wenn er allerdings anfängt, sich auch noch über unseren Kater aufzuregen, einen überaus reizenden, wohlerzogenen Kater namens Fritz, dann weiß ich, irgendetwas bringt seinen Seelenfrieden nachhaltig durcheinander.

Eines Tages, vor nicht einmal einem Monat, kündigte sich wieder so eine nervenaufreibende Phase an. „Fritz soll nicht immer auf den Tisch gehen." Mein Mann sagte das eigentlich nur so nebenbei, doch ich kenne ihn, das war nur die Spitze vom Eisberg.

Zugegeben, unsere Katze begibt sich öfter mal auf unseren Esstisch – also den Tisch im Esszimmer – und schaut dort nach dem Rechten. Das gehört zu seinem normalen Rundgang durch die Wohnung. Da wir als erfahrene Katzenhalter nichts Essbares oder sonst irgendwie für Fritz Interessantes dort liegenlassen, passiert auch weiter nichts, wenn er hier vorbeikommt. Dass er dort stehende Vasen nicht umzuwerfen hat, ist ihm klar. Er bewegt sich sehr vorsichtig. Auch würde er nie in unserer Anwesenheit, auf den Tisch klettern. Er weiß, dass wir das nicht mögen. So lässt er es, er will uns ja schließlich nicht ärgern. Wie also sollte man sich an seinem Verhalten stören? Man muss wohl Wilbert heißen, im Büro jede Menge Stress haben und ein klein wenig pingelig veranlagt sein.

Es war an einem dieser Tage, er war aus dem Büro nach Hause gekommen und ich merkte gleich, dass mit ihm etwas nicht stimmte. Er wirkt dann irgendwie ferngesteuert, so roboterhaft: das Ablegen an der Garderobe, die Begrüßung, die Nachfrage, wie es mir geht, seinen üblichen Kommentar dazu: „Na, prima", völlig ungeachtet dessen, was ich sage. Dann kommt: „Nein danke, ich habe schon in der Firma was gegessen." Das wäre durchaus die passende Antwort auf die Frage gewesen, ob er etwas essen mag – vorausgesetzt, ich hätte sie ihm gestellt.

Ich kenne diese „mechanische" Ausgabe meines Mannes schon. Leider ist er in diesem Zustand nicht im eigentlichen Sinne ansprechbar. Fragen wie: „Haben sie dich im Büro wieder mal geärgert?", helfen ihm in keiner Weise. Im Gegenteil, nach den Auseinandersetzungen im feindlichen Umfeld des Büros, meint er dann, sich auch noch zu Hause rechtfertigen zu müssen. Dementsprechend vermeidet er, so gut es geht, den Kontakt zu mir, um sich voller Elan auf das zu konzentrieren, was ihn in irgendeiner Weise stören könnte. Diesem Störenden widmet er sich dann mit all seiner wütenden Energie. Mit forschendem Blick scannt er unsere Wohnung nach Möglichkeiten sich aufzuregen. Und in diesem Fall hatte er Fritz als Opfer auserkoren.

Ich beobachtete Wilbert dabei, wie er, ja man kann fast sagen, die Witterung aufnahm, wie er anfing, Spuren zu sichern und Indizien zu sammeln. „Hier", murmelte er vor sich hin, „hier muss er auf den Tisch gesprungen sein – das Kissen auf dem Lehnstuhl ist doch verschoben! Und dann die Blütenblätter von diesem welken Rosenstrauch …" Mit einem beiläufigen Blick meinte er zu mir: „Die könnten auch mal weg." Um sich dann sofort wieder dem Tatort zuzuwenden: „Die Blütenblätter, wie die hier verteilt sind, das ist doch völlig unnatürlich, und da!", Wilbert deutete auf den hinteren Teil des Tisches und rief: „Pfotenabdrücke im Blütenstaub!" Triumphierend drehte sich mein Mann zu mir um und stellte fest: „Marianne, Fritz ist überführt!"

Ich muss gestehen, in solchen Augenblicken gruselt es mich ein wenig vor meinem Mann. Wenn seine pedantische Ader durchbricht und sich mit seiner sonst eher erträglichen Rechthaberei verbündet – zusammen ergeben sie eine ziemlich unerträgliche Mischung. Wie gesagt, Wilbert ist sonst ein lieber und zugewandter Mensch, nur wenn er gestresst ist, kommt diese Seite zum Vorschein. Das Unangenehme ist, in diesen Phasen, kann man ihn nicht darauf hinweisen, dass er in einer dieser Phasen ist. Das macht alles noch viel schlimmer. Dann wird er bockig. Auf den Einwand, es sei doch gar nicht so schlimm, wenn Fritz mal ... und überhaupt, er wäre doch ganz vorsichtig .., wurde er richtig laut: „Ich will das nicht, ich will das nicht, ich will das nicht!" Es hätte gerade noch gefehlt und er hätte mit dem Fuß aufgestampft. Er tat es nicht – Gott sei Dank.

Was dann allerdings in der darauf folgenden Zeit geschah, hatte das Potenzial unsere Ehe nachhaltig zu zerrütten. Zuerst hatte Wilbert die Idee, die Sache „pädagogisch" anzugehen. Er schnappte sich unseren Kater, hob ihn auf den Esstisch und rief ganz laut „Nein!" Dann setzte er ihn wieder auf den Boden und sagte: „Brav!" Das Ganze wiederholte er etliche Male, bis der eigentlich sehr geduldige Fritz so genervt war, dass er meinen Mann beim erneuten Herunterheben empfindlich kratzte und anschließend das Weite suchte. Hätte ich die Sache beobachtet, wäre ich natürlich sofort dazwischen gegangen. So erfuhr ich das Ganze erst durch Wilbert, der sich bitterlich bei mir beschwerte, dass Fritz ihn gekratzt hätte.

Mir fiel dazu nichts anderes ein, als meinem Mann mitzuteilen, dass er ja wohl nicht mehr alle Tassen im Schrank hätte und er sich mal ganz schnell bei Fritz entschuldigen solle.

Wie nicht anders zu erwarten, tat er das nicht. Wilbert hatte einen neuen Plan, er wollte Fritz in flagranti beim Tisch-Begehen erwischen, um ihn dabei aus dem Hinterhalt mit einer auf Strahl gestellten Blumenspritze abzuschießen, so wie mit einer Wasserpistole. Wilbert wörtlich: „Sobald das Tier den Tisch betritt, schieß ich es ab!" Bei diesen Worten war so ein unheimliches Flackern in seinen Augen.

Er hatte den Trick aus einem Katzenerziehungsratgeber, da stand es unter dem Stichpunkt, was man nicht tun sollte. Weiter wurde ausgeführt, dass es aber eventuell sehr wirksam sein könne, falls die Katze den Wasserstrahl nicht mit dessen Urheber in Verbindung bringt (weil der versteckt

ist), sondern ihn für eine kausale Folge des eigenen Handelns begreift – in diesem Fall auf den Esstisch gehen. Soweit die Theorie.

Mein offensichtlich nicht mehr völlig zurechnungsfähiger Mann lag nun also in seiner knapp bemessenen Freizeit auf der Lauer und es passierte … ja, man kann nicht sagen gar nichts, aber eben nicht das Erhoffte. Denn Fritz schaute ab und an bei ihm vorbei: auf dem Weg vom Schlafplatz zum Fressnapf, vom Fressnapf zum Katzenklo und von da wieder zum Schlafplatz. Er schnurrte dann ein wenig, wollte spielen oder Streicheleinheiten, merkte aber bald, dass mit Herrchen heute nichts anzufangen war. Der war beschäftigt und scheußlich unentspannt. Um dieses Nichts zu beobachten, verbrachte mein Mann stundenlang in kauernder Position in seinem (scheinbaren) Versteck und bekam dabei nicht nur fürchterliche Gliederschmerzen, sondern auch immer schlechtere Laune.

Wilbert nahm dann immerhin doch die Vergeblichkeit seiner Bemühungen zur Kenntnis. Leider aber nicht, weil er zur Vernunft gekommen wäre. Im Gegenteil, es wurde aufgerüstet. Er installierte eine Videoüberwachung im Esszimmer, um, so führte er aus, die Bewegungszyklen von Fritz exakt zu analysieren und ein Konzept für passgenaue Gegenmaßnahmen zu erarbeiten, seine bisherige Taktik hätte zu hohe Streuverluste.

Einen Aspekt finde ich wirklich verblüffend: Wilbert ist – wie sich eine meiner Freundinnen ausdrückte – „lammfromm", liest mir (fast) jeden Wunsch von den Augen ab und somit das Gegenteil von dominant. Aber wenn er sich, wie damals, so richtig in eine Sache hineinsteigert, wird er auf einmal zielgerichtet, durchsetzungsstark und konsequent – mit andern Worten, er weiß dann, was er will und tut es auch. Was gäbe ich dafür, wenn er an anderer Stelle mal so eine Präsens und Power an den Tag legen würde … nun gut, das ist ein anderes Kapitel.

Vorerst versuchte ich es noch einmal im Guten, es sei eventuell doch gar nicht so schlimm, wenn Fritz … Nein, so ging es nicht, er sah aus, als ob er gleich explodieren würde. Dann vielleicht mit etwas Logischem: „Wilbert, selbst wenn du ein Video von unserem Esstisch machst", im Gegensatz zu ihm war mir schon klar, wie idiotisch das klang: „Selbst wenn du herausfindest, zu welchen Zeiten Fritz .. du weißt schon, du bist dann doch wahrscheinlich gar nicht da, um ihn abzuschie… zu überfüh… oder was auch immer …"

„Marianne", erwiderte er völlig ernst „wenn ich nicht da bin, musst du eben der Arm der Gerechtigkeit sein."

In diesem Augenblick war meine Toleranzschwelle endgültig überschritten. „Nun mach aber mal 'nen Punkt", schrie ich: „Ich bin ja nun wirklich geduldig, was deine … äh … deine „Probleme" mit dem Esstisch angeht, aber irgendwann ist es auch mal genug!" Auch ich kann sehr entschieden sein, und ich hatte in der Folge durchaus die Hoffnung, mein kleiner Ausraster hätte Wilbert zur Vernunft gebracht.

Leider war das nicht der Fall. Ich hatte ihn zwar mächtig erschreckt, doch seine Pläne hatte er nicht aufgegeben. Er führte sie jetzt nur heimlich aus. In der Folgezeit war er jede freie Minute in seinem Bastelkeller. Er meinte, ich solle nicht gucken kommen, was er da macht. So hoffte ich, es ginge um ein Geburtstagsgeschenk für mich.

Aber das war es nicht – man könnte fast sagen, das genaue Gegenteil. Es war eine – wie soll ich das sagen – eine handygesteuerte Katerabschussblumenspritze. Unvoreingenommen betrachtet hatte mein Mann da wirklich ein kleines Meisterstück der Amateur-Ingenieurskunst erschaffen: eine Blumenspritze als Kernelement, der Pumpmechanismus angetrieben durch einen kleinen Elektromotor, die Düse in alle Richtungen beweglich. Zu steuern war diese Hightech-Waffe durch eine von Wilbert eigens entwickelte App auf seinem Smartphone, selbst vom Büro aus. Um zu sehen, wohin er schießen würde, hatte er unser gesamtes Esszimmer in eine videoüberwachte Zone verwandelt. Von all dem hatte ich allerdings erst später bzw. zu spät erfahren.

Und wie ging es eigentlich unserem Kater in der ganzen Zeit? Man könnte ja meinen, mein Mann wäre unfreundlich und abweisend zu ihm gewesen. Ich glaube fast, Wilbert hätte das auch gewollt, so als knallharter und konsequenter Verteidiger der häuslichen Ordnung. Aber wenn er den leibhaftigen Fritz vor sich hatte, dann konnte er einfach nicht anders, dann streichelte er ihn und hatte das gleiche liebevolle Verhältnis zu ihm wie immer – vorausgesetzt die Bastelei im Keller ließ ihm die Zeit dazu.

Wie schon erwähnt, ich war mehr oder weniger ahnungslos, wie weit Wilbert mit seinen Plänen schon gediehen war. Als ich an einem der folgenden Tagen nach Hause kam, merkte ich gleich, dass etwas nicht in Ordnung war. Fritz kam mir schon an der Wohnungstür entgegen und maunzte. Sonst lässt er sich nie blicken, wenn man kommt, sondern ist eher vornehm desinteressiert. Damals war er aber sehr aufgeregt.

Als ich ins Esszimmer trat, sah ich warum. Wilbert hatte hinter meinem Rücken seine Katerabschussanlage installiert, und die hatte auch funktioniert und zwar mit durchschlagendem Erfolg. Der Elektromotor der Spritze brummte immer noch vor sich hin, allerdings war schon das gesamte Wasser verspritzt. Anscheinend hatte sich die Mechanik der Anlage verhakt und deshalb auf Dauerfeuer gestanden. Der ganze Tisch war nass, die gegenüberliegende Wand auch, eine Vase war umgeschossen und ausgelaufen, Wasser und Blumen waren auch auf den Polsterstühlen verteilt, diverse Bücher und Zeitschriften waren durchtränkt und das Furnier unseres schönen alten Esstisches wölbte sich schon an einigen Stellen.

Ich war wirklich geschockt. Gerade als ich Wilbert anrufen wollte, um ihm gehörig die Meinung zu sagen, kam er. Er hatte offensichtlich beste Laune. Das Chaos im Esszimmer kommentierte er nur kurz mit dem Satz: „Na, hier sieht's ja aus", um dann sofort das Thema zu wechseln: „Stell dir vor, ich hatte dir doch davon erzählt, dass meine Tätigkeit – du weißt schon, diese Risikoanalysen …"

„Jaja, ich weiß schon", unterbrach ich ihn, um mir weitere Ausführungen zu ersparen. Normalerweise ist das die Stelle an der ich innerlich abschalte, doch dann fuhr er fort: „ … und diese Risikoanalysen sollten ja in Zukunft von einem Algorithmus übernommen werden …"

„Einem was?"

„Na, so ein Computerprogramm und …"

„Und was wäre dann mit deinem Job?"

„Na, der wär' dann weg und ich auch, ich meine aus der Firma, hab' ich dir nicht davon erzählt?"

„Nein, in letzter Zeit hast du eigentlich nur über Fritz und die Unverletzlichkeit des Esstisches geredet." Ich muss gestehen, mir wurde ein wenig schwindelig. Wilbert würde seine Arbeit verlieren? Dabei hatte er so erschreckend gute Laune, war das das Anzeichen, dass er gerade durchdrehte? Auf jeden Fall war ich jetzt ungeheuer aufmerksam und ernsthaft wie noch nie darum bemüht, irgendeinen Sinn aus Wilberts Fachchinesisch herauszuhören.

Ich will an dieser Stelle auf keinen Fall die Informatik-Details wiedergeben – ich könnte es auch nicht. Nur so viel, der Algorithmus, der Wilbert ersetzen sollte, hat unter anderem dafür gesorgt, dass keine neuen Kunden mehr angenommen wurden, 1. deren Vorname mit P beginnt, 2. die weiter als 15 km von dem Zentrum ihres jeweiligen Wohnorts leben und 3. die zwischen neunundzwanzig und dreiunddreißig Jahre alt sind, außer sie wären in Sachsen-Anhalt geboren. Es gab noch diverse andere Kriterien, um Kunden abzulehnen, oder ihnen sogar Geld zu bieten, um sie zu einer Kündigung ihrer laufenden Versicherungsverträge zu bewegen. Das Ganze fußte auf äußerst fragwürdigen Statistiken im Zusammenspiel mit einer schlampigen Programmierung, führte zu einer verheerenden Resonanz bei den Kunden und war für die Öffentlichkeit und die gesamte Versicherungsbranche eine riesige Lachnummer – eine solche Blamage hatte die Firma noch nicht erlebt.

Innerbetrieblich hatte es zur Folge, dass der Urheber des Desasters – der Vorgesetzte meines Mannes – anschließend nicht mehr vorgesetzt sondern freigesetzt war, Wilbert dessen Posten bekam und die Sache mit dem Programm beerdigt wurde. Wilberts gute Laune war also keinesfalls erschreckend, sondern sehr angebracht.

„Ich war wohl in letzter Zeit etwas ...", er suchte nach dem richtigen Wort: „Etwas unausgeglichen ..."

Bevor ich antworten konnte, wurden wir abgelenkt, Fritz saß auf dem Esstisch und miaute. Das Miauen war wie eine Beschwerde, ihm schien es überhaupt nicht zu gefallen, dass der Tisch so nass und unaufgeräumt war. Wilbert und ich sahen uns an und mussten sehr lachen.

Der Stalker

So war das damals – ich sage schon damals, es ist gerade mal drei Wochen her. Was kann sich nicht alles in drei Wochen verändern. Vor drei Wochen war ich noch ein glücklicher Mann! Gut, meine Wohnung ist zu klein und auch recht dunkel, es ist halt Parterre. Und ich bin seit zweieinhalb Jahren arbeitslos und langsam wird es finanziell wirklich eng.

Allerdings muss ich inzwischen nichts mehr an meine Ex-Ehefrau und unseren gemeinsamen Sohn zahlen – mangels Masse. Ihn würde ich liebend gern unterstützen, wenn ich nur könnte. Gott sei Dank ist Björn, so heißt mein Sohn, inzwischen schon aus dem Gröbsten raus und fängt bald mit seinem Studium an. Dass er sein Leben so gut hinbekommt, ist für mich ein großer Trost.

Abgesehen von diesem Lichtblick, hört sich das, was ich hier sonst aufschreibe, nicht so sehr nach einer Erfolgsgeschichte an. Doch ich war, trotz allem, sehr zufrieden und ausgeglichen – bis vor drei Wochen. Bis vor drei Wochen hatte ich nämlich noch meine Line, eine Katze, wie man sie sich besser nicht wünschen kann. Dabei ist nicht nur unwahrscheinlich hübsch, anmutig und wohlerzogen. Sie ist ein echter Sonnenschein, ein Wesen, dass meine Stimmungen genau versteht und sich entsprechend verhält, ja man könnte sagen, sie kümmert sich um mich. Ich gebe ihr zwar zu essen, Aufmerksamkeit und Streicheleinheiten, aber von Line bekomme ich ein Vielfaches zurück. Sie gibt mir Halt und einen Grund, morgens

aufzustehen, sie ist wirklich, so merkwürdig das klingen mag, so eine Art Sinn des Lebens für mich – bis vor drei Wochen. Seitdem wurde alles anders.

Erst kaum merklich war Line nicht mehr so ganz bei der Sache. Wie soll ich es beschreiben, ja, es ist wohl vergleichbar mit der Ahnung, die man hat, wenn die Freundin – oder der Freund – fremdgeht, oder es noch gar nicht tut, aber mit dem Gedanken spielt. Ohne Konkretes zu wissen, spürt man, irgendetwas ist anders. Die Aufmerksamkeit des Anderen ist nicht mehr ungeteilt, nicht mehr exklusiv. Es ließe sich einwenden, dass Katzen und Frauen nicht vergleichbar sind. Das ist vielleicht berechtigt, allerdings beruhen Beziehungen auf immer den gleichen Mechanismen.

Wie auch immer, dass Line dabei war, mir untreu zu werden, konnte ich bald auch an Konkretem festmachen. Anfangs kam sie zu spät zu den Mahlzeiten – unseren Verabredungen – und hatte bald auch nicht mehr den rechten Appetit. Das Schnurren und Schmusen nach den Mahlzeiten fiel immer dürftiger aus, als sei es ihr eine mehr oder weniger lästige Pflichtübung. Ich versuchte gegenzusteuern, kaufte völlig überteuertes Katzenfutter, welches ich – das ist an sich wirklich peinlich – so wie in der Werbung mit Petersilie dekorierte. Ich wollte noch netter zu ihr zu sein, informierte mich im Internet über Katzenmassagen, die – so wurde behauptet – Katzen den

Himmel auf Erden bescheren würden – Lines Himmel schien ein anderer zu sein. Sie blieb dann häufiger weg und kam schließlich auch nachts nicht mehr immer nach Hause.

Ich muss zugeben, ich litt sehr unter der Situation. Vielleicht versteht jemand, der erfolgreich im Leben steht, nicht, wie sehr mich diese scheinbare Kleinigkeit so aus der Bahn werfen konnte – es handelt sich ja schließlich „nur" um eine Katze. Aber wenn fast alles andere schon den Bach runtergegangen ist und der einzige Sonnenschein, der einem geblieben ist, abhanden kommt – das ist schon hart.

Aber ich wollte mich nicht geschlagen geben. Wer auch immer versuchte, mir meine Line abspenstig zu machen, musste mit fiesen Tricks arbeiten. Irgendwelche ausgefallenen Delikatessen, der keine Katze widerstehen kann, oder pharmazeutische Mittel, Pheromone, Sexuallockstoffe, verbotene Substanzen – irgendetwas in dieser Richtung musste es doch sein.

Ich beschloss also, meine Katze heimlich zu verfolgen, um herauszufinden, wo und mit wem sie fremdging. Ich musste nur warten, bis sie zu ihrem täglichen Rundgang startete und dann mit etwas Abstand hinterher – sie durfte ja nicht merken, dass ich sie beobachte.

Nach draußen ging Line meist durch das fast immer nur angelehnte Küchenfenster. Wie gesagt, ich ließ ihr einen kleinen Vorsprung. Dann musste ich mich wiederum beeilen, um sie nicht gänzlich aus den Augen zu verlieren. Das Herausklettern hatte ich mir allerdings anders vorgestellt. Ist ja nur Parterre, hatte ich mir gedacht. Eine Katze ist aber im Klettern um einiges geschickter, als ein Mensch, vor allem wenn Letzterer noch nie zu der besonders sportlichen Sorte gehört hat. Ich musste schmerzlich feststellen, dass direkt vor dem Küchenfenster ein Dornenbusch steht – was man nicht alles übersieht, obwohl man es täglich sieht. Dieser erste Versuch, Line zu verfolgen, scheiterte also kläglich.

Es war wohl besser, sich anders zu postieren. Mit Blick durch den Flur und die offene Küchentür auf das Küchenfenster stand ich am nächsten Tag direkt neben der Wohnungstür und wartete. Und wartete.

Es gibt ja auch Tage, an denen Line nicht rausgeht. Mir kam in den Sinn, wenn sie jetzt nicht rausgeht, konnte es sein, dass sie vielleicht gar nicht fremdgeht, oder die ganze Sache schon vorbei ist oder alles nur ein Missverständnis ... Mitten in diesem schönen Tagtraum schlüpfte Line aus dem Fenster. Ich schoss aus der Wohnungstür – direkt in die Arme meiner Nachbarin, Frau Schmidt-Wilmersdorf. Ich wäre gerne an ihr vorbeigerannt, doch Frau Schmidt-Wilmersdorf ist so breit und so dominant, man kommt nicht an ihr vorbei, vor allem nicht, wenn sie einem etwas zu sagen hat. Sie müsse dringend mal meine Versäumnisse in punkto Treppenhauspflege zur Sprache bringen. Bis ich ihr klar gemacht hatte, dass es weder Versäumnisse im Treppenhaus gab, noch dass diese auf mich zurückzuführen seien, war Line natürlich schon wieder weg.

Am nächsten Tag hatte ich endlich Glück. Frau Schmidt-Wilmersdorf war wohl mit dem Observieren anderer Nachbarn beschäftigt und ich konnte die Verfolgung von Line aufnehmen. Ausgestattet mit einem Fernglas hatte ich direkt ein bisschen Freude daran, endlich mal wieder was zu tun zu haben, so eine Art kleines Abenteuer. Die Freude verging leider ziemlich schnell, denn Line war nicht sehr zielgerichtet. Hatte ich damit gerechnet, dass Line schnurstracks zu meinem Nebenbuhler laufen würde?

Ja, wahrscheinlich. Diesen stellte ich mir zu dieser Zeit wahlweise als reichen Fatzke vor, einer der meint, ihm würde alles gehören, oder als überfürsorgliche alte Fregatte, die ebenso hemmungslos alles an sich reist. Mit andern Worten meine Feindbilder waren sehr motivierend unsympathisch.

Aber mit schnurstracks war es nichts. Line hatte überhaupt keine Eile, stromerte herum, ruhte ein wenig, spielte dann mit irgendetwas – ich war zu weit weg, um es zu erkennen. Dann schlief sie im Schatten eines Baumes ein. Es war nicht sehr abenteuerlich. Ich wurde missmutig, bekam Hunger – zwei Umstände, die bei mir gerne Hand in Hand arbeiten.

Schließlich machte sich Line doch auf den Weg in Richtung der Reihenhäuser am Ende unserer Straße, jetzt auf einmal so flott, dass ich nicht genau sehen konnte, in welcher Terrassentür sie verschwand. Es standen vier Häuser zur Auswahl. Man hätte einfach über die Gartenzäune klettern können und klopfen und fragen ... ich traute mich nicht. Erst mal in Deckung bleiben – praktischerweise standen hier einige Büsche – und weiter mit dem Fernglas beobachten.

Anschließend passierte erstmal nichts. Line blieb verschwunden. Aus dem Haus Mitte links kam mal eine blonde Frau kurz auf die Terrasse –

und ging wieder rein. Sie schaute einen Augenblick so komisch in meine Richtung – ob sie mich gesehen hatte? Dann passierte wieder nichts und der Hunger gewann die Oberhand – morgen war schließlich auch noch ein Tag.

Da ich ja jetzt wusste, wo Line in etwa war, brauchte ich sie nicht mehr zu verfolgen, und so nahm ich mir am folgenden Tag erstmal die Vorderseiten bzw. Klingelschilder der besagten Häuser vor. Im Nachhinein ein ziemlich abwegiger Gedanke, dass mich die Namen der Bewohner auf die richtige Spur hätten bringen können.

Die beiden folgenden Tage verliefen nach ähnlichem Muster. Ich schlich um die besagten Häuser, in der vagen Hoffnung, es könnte irgendetwas passieren, was mir weiter helfen würde. Wenn ich z. B. Line sehen würde, wie sie in eines der Häuser rein- oder rausgeht. Dann hätte ich zumindest gewusst, wer anzusprechen gewesen wäre. Was ich demjenigen gesagt hätte? Ich wusste es nicht so recht. So was wie: „Machen Sie mir gefälligst nicht meine Katze abspenstig, Sie Fatzke", oder: „Verführen Sie meine Katze nicht weiter mit Ihren hinterhältigen Delikatessen, Sie alte Fregatte!" Das hörte sich schon alles sehr dämlich an. Andere zur Rede stellen und auf mein Recht pochen, gehörte noch nie zu meinen Stärken.

Mir wird schon das Rechte zur rechten Zeit einfallen, sagte ich mir und verdrängte den Gedanken.

Am vierten Tag meiner „Recherchen" hatte ich, wie an den Tagen zuvor, wieder das Gefühl, beim Beobachten beobachtet zu werden. Diesmal war es allerdings konkreter. Ein Schatten am Fenster, eine Gardine, die sich bewegte – war das nicht die blonde Frau? Es war doch zu dumm, dass ich nicht weiter kam. Ich sah auf das Klingelschild – Barbara Krüger. Die blonde Frau hatte so herzlich wenig Ähnlichkeit mit der Fregatte oder dem Fatzke.

Ich würde jetzt einfach klingeln und ihr sagen: „Was machen Sie mit meiner Katze?" Oder: „Wenn Sie meine Katze nicht in Ruhe lassen, dann ..." Ja was dann?

Oder sollte ich die Sache eher defensiv angehen und sagen, dass ich doch so sehr an meiner Katze hängen würde und wenn sie sie nicht frei gäbe, dann wäre ich ... unwahrscheinlich traurig. Bloß das nicht, es ist kein schönes Gefühl, wenn man sich selbst peinlich ist.

Aber wahrscheinlich, beruhigte ich mich, machte ich mir ja völlig umsonst Gedanken. Wenn es drauf ankommt, kann ich bisweilen durchaus souverän sein – oder zumindest so wirken. Vielleicht konnte man ja ganz vernünftig mit der blonden Frau reden. Es würde sich alles während des Gesprächs von selbst ergeben. Schließlich sah sie äußerst sympathisch aus. Auf der anderen Seite gab es auch eine Zeit, in der meine Verflossene einen vorteilhaften Eindruck auf mich gemacht hatte – meiner Menschenkenntnis ist nicht zu trauen.

Es war so viel Hin-und-Her in meinem Kopf – allmählich verlor ich die Geduld mit mir, wie lange wollte ich hier denn noch rumeiern? Ich nahm all meinen Mut zusammen und klingelte. Nichts. Nochmal – nichts. Das Schicksal hat manchmal eine gewisse Vorliebe für Boshaftigkeiten.

Doch ich hatte jetzt genug. Die war doch da, hatte ich doch gesehen, wieso machte sie nicht auf – dann eben von der Rückseite. Nochmal nahm ich all meinen Mut zusammen – das davon überhaupt noch etwas übrig war – und kletterte über den Gartenzaun. Eigentlich ist das bei 30 cm

Höhe kein Klettern, eher ein Schritt. Sobald ich auf dem fremden Grundstück stand, überkam mich das durch und durch unangenehme Gefühl von Hausfriedensbruch. Gleichzeitig aber auch der Ärger darüber, was ich doch für ein Hasenfuß bin. Vorsichtig, in Deckung eines Fliederbuschs schlich ich mich an die Terrassentür heran. Von hier aus konnte ich wunderbar in das Haus schauen – es war offensichtlich das Wohnzimmer. Die blonde Frau war nicht im Raum. Dafür aber Line! Sie kam gerade hinter einem der Sessel zum Vorschein. Doch nicht nur sie, da waren noch zwei andere Katzen. Und die drei schienen wirklich viel Spaß miteinander zu haben. Sie spielten so eine Art Pfotenball mit einem zusammengeknüllten Papier. Das war es also: Line ging nicht fremd mit einem anderen Menschen, sie suchte Gesellschaft anderer Katzen. Das war ein Moment großer Erleichterung für mich, auf andere Katzen war ich nicht eifersüchtig.

Der Moment war allerdings sehr kurz. Ich spürte eine Hand auf meiner Schulter und hörte eine energische Stimme: „Was machen Sie hier?"

Ich drehte mich um und sah in das Gesicht eines Polizisten. Er und seine Kollegin sahen erschreckend dienstlich aus. Ich wurde von den Beamten unmissverständlich aufgefordert, ihnen zu folgen. Meine Einwände, es wäre doch gar nichts passiert und es ginge doch nur um meine Katze, wurden mit einem „Jaja" quittiert und mir wurde mitgeteilt, die Fahrt zur Wache wäre alternativlos.

Dort angekommen, wurde es dann noch humorloser. Ich sei von einer Dame angezeigt worden, wegen „Stalking" und dürfe mich bis zur endgültigen Klärung des Sachverhalts der Wohnung besagter Dame auf höchstens 200 Meter annähern. Meine erneuten Beteuerungen, das Ganze wäre bloß ein Missverständnis, ich hätte nur meine Katze gesucht, wurde zwar zu Protokoll genommen, aber ziemlich unverhohlen nicht geglaubt.

Nach dem Verhör bin ich völlig geknickt nach Hause geschlichen und nun sitze ich hier, schreibe meine Erlebnisse auf und denke, dass ich vor drei Wochen noch ein glücklicher Mann war …

Zwei Tage später

Erstens kommt es anders und zweitens als man denkt. Diese Spruchweisheit – soviel ich weiß von Wilhelm Busch – ist zwar nicht mehr ganz taufrisch, aber sie passt. Zumindest auf mich und auf das, was ich erlebt habe. Denn gerade als ich den ersten Teil der Geschichte (siehe oben) zu Ende geschrieben hatte und mich endgültig in eine Wanne voller Selbstmitleid legen wollte, um den Rest meines Lebens darin zu baden, klingelte es.

Wer konnte das wohl sein? Vielleicht meine Nachbarin mit Beschwerden wegen ungenügender Treppenhausreinigung, zu lautem nächtlichen Jammerns oder vielleicht mein Vermieter mit einer ruinösen Mieterhöhung, oder ein erneuter Strafbefehl aus unerfindlichen Gründen – was hatte das Schicksal noch für Gemeinheiten für mich vorgesehen?

Aber, das war es nicht. Es war die blonde Frau. Sie stand vor meiner Tür – das Wort überraschend trifft es nur ansatzweise.

„Guten Tag, mein Name ist Barbara Krüger."

„Ja, ich weiß", stammelte ich.

„Stimmt", sagte sie: „Sie haben ja ein paar Tage lang mein Klingelschild gelesen." Ich hätte vor Scham im Boden versinken können.

„Ich wollte Ihnen nur sagen, die Anzeige habe ich zurückgezogen. Sie haben sich zwar – gelinde gesagt – etwas merkwürdig benommen, aber, so wie ich das sehe, nicht in schlechter Absicht", fuhr sie fort.

Eine tonnenschwere Last fiel von den Schultern – Erleichterung ist gar kein Ausdruck. Ich bat sie herein.

„Die Polizei hat mir gesagt, Sie hätten nur nach Ihrer Katze gesucht – die ist im Übrigen gerade bei mir. Warum um alles in der Welt haben Sie nicht geklingelt?" fragte sie.

Manchmal bin ich wohl etwas umständlich und verstockt, hätte ich antworten sollen. Stattdessen gab ich kleinlaut von mir: „ Ich hab' doch geklingelt."

„Aber erst nachdem Sie vier Tage um die Häuser geschlichen sind, das wirkt nicht so besonders vertrauensbildend – keine Frau würde da aufmachen", antwortete sie.

„Ich würde Ihnen das gerne erklären, auch warum ich so an meiner Katze hänge – wollen Sie nicht auf einen Tee bleiben?" Manchmal sage ich auch das Richtige.

Wir saßen zusammen in der Küche, tranken Tee und unterhielten uns – erst sehr verhalten, dann immer angeregter – über Katzen, über die neue Freundschaft zwischen Line und ihren Katzen, über das Leben mit Katzen, über das Leben im Allgemeinen, über mein Leben und über ihr Leben.

Irgendwann entstand eine Gesprächspause. Ich denke, es war der Moment, in dem uns beiden bewusst wurde, wie merkwürdig doch die Situation war. Wir hatten uns ja eigentlich erst grade eben kennengelernt und das nach einer ziemlich unrühmlichen Vorgeschichte. Und nun redeten und lachten wir, waren so offen und fast schon vertraut miteinander. Das hatte etwas Unwirkliches.

In die Stille hinein fragte sie: „Noch einmal, warum haben Sie damals nicht schon am ersten Tag geklingelt?"

Ich konnte noch immer nichts darauf antworten. Sie nahm meine Hand, schaute mir lange in die Augen, und fragte liebevoll: „Kann es sein, dass du manchmal ein bisschen dumm bist?"

Ich musste ihr recht geben. Dass sie mich daraufhin küsste, hat mich ziemlich überrascht. Es passt einfach nicht zu meinem Selbstbild, dass mir etwas Gutes passiert. Aber daran werd' ich mich wohl gewöhnen können.

Der Fiesling

Ein riesengroßer Storch kommt auf mich zu – das heißt, nur so eine Art Storch, denn merkwürdigerweise hat er Hörner und außerdem noch einen außerordendlich stechenden Blick. Mitzi, meine Katze, springt in voller Panik auf meinen Arm und schreit: „Marie, ich will nicht sterben!" Meinen Namen aus dem Mund meiner Katze zu hören, verwirrt mich – seit wann kann meine Katze sprechen? Das hätte mir doch schon früher auffallen müssen. Ich bin komplett irritiert. Das Monster, ich meine diese Art Storch, scheint dagegen an sprechende Katzen gewöhnt zu sein. Uns mit seinen unheimlichen Augen anstarrend, kommt es weiter in schrecklich dröhnenden Riesenschritten auf uns zu. Aber irgendwie auch in Zeitlupe – dabei ist es eigentlich nicht langsam. Es zögert das graußliche Ende wahrscheinlich nur so lange hinaus, damit ich mehr Zeit habe, fürchterliche Angst zu haben.

Ich weiche immer weiter zurück, aber hinter mir ist nichts als Sumpf, Morast, mooriges, wegloses Nichts. Der Storchenschnabel schnellt immer wieder in unsere Richtung, will uns aufspießen. Ich kann gerade noch zur Seite ausweichen, aber Mitzi fällt mir dabei aus den Armen auf den Boden. Einen Augenblick scheint das Ungeheuer zu zögern, zu überlegen, wen es zuerst fressen will. Es entscheidet sich für Mitzi, weil es sich dann noch länger an meinem Entsetzen weiden kann. Es hackt nach ihr, immer schneller und wilder, stößt dabei wütende, unbeschreibliche, mordlüsterne Laute aus, erwischt sie am Hinterlauf, reißt sie hoch, schleudert sie wie wild hin und her, bis sie leblos scheint, wirft sie in die Luft um sie in den gierig aufgerissenen Schnabel fallen zu lassen .. NEIN!!!

Ich sitze aufrecht im Bett, geweckt von meinem eigenen Schrei und schwer atmend – was für ein abscheulicher Traum. Mitzi, am Fußende meines Bettes, ist von meinem Schrei aufgewacht. Sie schaut mich mit ihrem Ist-was-Blick an. „Schon gut", sage ich – was für ein abscheulicher Traum.

Am nächsten Morgen läuft erstmal alles normal, na ja, ein bisschen müder als sonst, bin ich schon. Aber ich habe zum wiederholten Male nicht verschlafen – das scheint ja allmählich einzureißen, werde ich etwa erwachsen?

Ich mache mir mein Frühstück und anschließend das Frühstück für das zweite Frühstück in der Firma und höre dabei schon im Voraus, mit dem inneren Ohr, einen der überhaupt nicht originellen Kommentare meines Kollegen Stefan, intern der „Fiesling" genannt: „Ihr Frühstück sieht fast noch besser aus als Sie ... Wie können Sie sowas nur essen, Frau Holgerson?"

Ich muss mir endlich mal eine passende Antwort überlegen, aber sobald ich ihn sehe und höre, ergreift mich ein solcher Widerwillen, dass ich nichts mehr rausbringe. Alles Mögliche habe ich mir schon mal zurechtgelegt. Einmal z. B. auf den Spruch mit dem Frühstücksbrot in sehr ironischem Tonfall: „Es können ja nicht alle so schön sein wie Sie." Statt beleidigt oder verunsichert zu sein, sagte er nur mit einem breiten Grinsen: „Prima, dass Sie das auch endlich erkennen, Frau Holgerson, aber trotzdem, vielen Dank für das reizende Kompliment." Er lässt sich außerdem dauernd etwas Neues einfallen, wie will man sich da vorbereiten? Der Fiesling ist nämlich nicht nur unheimlich fies, sondern leider auch unheimlich schlagfertig – im Gegensatz zu mir. Einmal konterte ich einen Spruch von ihm mit einem Gähnen (leider ziemlich gekünstelt) und der Frage: „Haben Sie keinen Friseur, dem Sie Ihr langweiliges Zeug erzählen können?"

Er war nicht eine Sekunde irritiert, sondern schoss sofort zurück. Ja, er habe einen Friseur, der verstehe sogar was von seinem Handwerk, den würde er mir sehr empfehlen, damit mein Haar in Zukunft vielleicht wirklich mal als eine Frisur zu bezeichnen sei. Ansonsten hätte der Friseur aber seine Aufmerksamkeit nicht so bitternötig wie ich, und er als liebevoller Mitmensch wüsste genau, dass man eben gerade die vom Schicksal Benachteiligten mit ein wenig Zuspruch aufmuntern solle – und weg war er.

Ich fühle mich oft so hilflos ihm gegenüber. Gott sei Dank steht mir meine Kollegin Petra bei, mit ihr teile ich ein Büro. Nicht, dass sie in der Lage wäre, dem Fiesling Kontra zu geben, aber sie ist so nett und baut mich immer wieder auf.

Heute ist es Gott sei Dank anders. Ich sitze hier allein in meinem Büro – beim zweiten Frühstück – und kein Fiesling ist in Sicht. Petra ist auch nicht da. Vom Flur her hört man ebenfalls keine Geräusche – wo sind die nur alle? Verpasse ich gerade ein wichtiges Meeting? Eigentlich angenehm so allein, wenn man bei der Arbeit nicht ständig an die Arbeit erinnert wird. Natürlich gäbe es das eine oder andere zu tun, aber es drängt nicht wirklich. Ein paar Abrechnungen, die laufen auch nicht weg, ach ja und – wichtig, wichtig – einarbeiten in die neue Software. Die hat der Techniker allerdings noch gar nicht installiert.

Auch das Telefon schweigt. Es ist gut, dass ich ein bisschen Ruhe habe, ich muss dauernd an den Traum von letzter Nacht denken. Ich bin auch ganz schön müde, zu wenig geschlafen. Dieses Monster geht mir nicht aus dem Sinn, dieser brutal hackende Schnabel, diese fiesen Augen, dieser mitleidlose bösartige Blick ... hatte das Monster nicht irgendwie Ähnlichkeit mit Stefan? Der hat zwar keinen Schnabel, macht aber doch immer so ein spitzes Mündchen, etwas zusammengezogen mit diesem zynischen, leicht angeekelten Ausdruck.

Wenn man vom Teufel sprich bzw. an ihn denkt, kommt er: der Fiesling. Jetzt Haltung bewahren. Instinktiv richte ich mich auf, sitze grade vor meinem Bildschirm und halte mich an meiner Mouse fest. „Hallo, Frau Holgerson, wie schön Sie zu sehen. Sie haben Ihr Frühstück schon hinter sich – wie schön das nicht gesehen zu haben." Sein Ton ist so irrsinnig schleimig und widerlich. Ich verfalle automatisch wieder in diese Art Schockstarre, die es mir unmöglich macht zurückzuschießen.

„Ich will etwas bezüglich der neuen Software mit Ihnen besprechen. Das ganze Abrechnungswesen wird umgestellt, das haben doch auch Sie schon mitbekommen. Und da Sie bestimmt Schwierigkeiten damit haben werden – die Umstellung setzt immerhin einiges an geistiger Beweglichkeit voraus – wird es wohl nötig sein, Ihnen das ganz ausführlich zu erklären." Die Gemeinheiten fließen in so müheloser Selbstverständlichkeit aus seinem Mund, dabei ist er noch nicht mal mein Vorgesetzter, er tut nur so. „Haben Sie denn schon die Initiative aufgebracht und sich die neue Software mal angeguckt?"

„Der Techniker hat sie noch gar nicht installiert!", protestiere ich.

„Jaja, die Frau Holgerson, nie um eine Ausrede verlegen, dann schauen wir doch mal." Er tritt hinter mich, beugt sich runter, jetzt hab' ich ihn direkt neben meiner rechten Wange. „Na, wo ist sie denn, die neue Software? Haben Sie sie schon „versehentlich" gelöscht?" Die Art, wie er versehentlich sagt, ist dermaßen gemein. Er ist jetzt so nah, ich spüre seinen Atem und die Wärme seines Gesichts – einen Augenblick wundere ich mich, wie kann von diesem Mann Wärme ausgehen?

„Frau Holgerson, Marie, wenn Sie mir doch nur ein bisschen entgegenkommen würden – Sie wissen, was ich meine – ich könnte Ihnen bestimmt in vielen Situationen helfen." Er legt seine Hand auf meine, die sich um die Mouse krampft, seine Wange berührt meine ... Ekel ... mir stockt der Atem ...

48

Da geht die Tür auf – ganz langsam – und – was ist das denn? Meine Katze – wie bitte? Was macht denn Mitzi hier? Ich bin außerordentlich verwirrt. Sie nähert sich mit ruhigen, konzentrierten Bewegungen, den Kopf gesenkt, Stefan mit ihrem Blick fixierend. Ein leises, drohendes Fauchen ist zu hören. Stefan lässt von mir ab, richtet sich abrupt auf: „Das hätten wir gleich, du elendes Vieh!" Er greift sich einen Aktenordner und schmeißt ihn nach Mitzi. Daneben – sie ist mit einer geschickten Bewegung ausgewichen. Ich bin immer noch wie gelähmt, vor allem aber sehr verstört: Ich kann es einfach nicht verstehen, wie meine Katze hierherkommt.

Doch ich komme nicht dazu, meine Gedanken zu ordnen. Mitzi setzt zu einem Sprung an, mit einem Satz ist sie an Stefans Hals, krallt sich fest, will ihn beißen. Der Fiesling versucht sie abzuschütteln, bekommt einen roten Kopf – vor Wut? Seine Augen werden größer. Er schleudert Mitzi auf den Boden, blutet aber schon. Er schreit wie ein Tier, sein Gesicht wird immer roter und – es ist nicht zu fassen – er verändert sich, sein Mund verformt sich zu einem Schnabel, der nach Mitzi hacken will. Ich will schreien. Doch was passiert mit meiner Katze? Sie beginnt zu wachsen, bekommt ein riesiges Gebiss, ihr wächst eine Mähne und sie brüllt wie ein Löwe – nein, sie ist ein Löwe!

Die beiden stürzen sich aufeinander, Schreie, Stöhnen, dumpfe Schläge ... Dann ein unbeschreiblicher Krach – eine Explosion? Nein, es ist nur die Tür, sie ist ins Schloss gefallen.

„Schläfst du etwa?" Meine Kollegin Petra schaut mich forschend an. „Ich? Nein, äh ... ich meditiere", stammele ich.

„Stell dir vor", fährt Petra unbeirrt fort, „wir hatten ja dieses Meeting – wo warst du eigentlich, na egal – da ging es um die neue Software und warum die immer noch nicht läuft, ich meine, installiert ist – du weißt, was ich meine – auf jeden Fall, da hat jemand Mist gebaut, und nun rate mal wer?"

Ich komme nicht dazu, etwas zu raten, Petra kommt gleich mit der Antwort: „Unser Fiesling! Der hat nicht nur ein minderwertiges Programm geordert von einem Billiganbieter, sondern sich auch noch den Differenzbetrag auf sein eigenes Konto geschaufelt – und jetzt ist er gefeuert und hat auch noch eine Anzeige am Hals."

„Entlassen?", frage ich ungläubig.

„Wenn ich' s dir doch sage, den sind wir los!"

Ich lehne mich zurück, atme tief durch und sage zu mir selbst: „Dann hat Mitzi also gewonnen." Meine Kollegin schaut mich etwas besorgt an: „Geht's dir gut?"

„Sehr gut!"

Der Streuner

Eines Abends war sie da. Ich hatte das Gefühl, es sei nie anders gewesen. Ich lebte damals allein, eine ledige, junge Frau, Anfang dreißig, in meiner ersten eigenen Wohnung nach dem Studium, gerade ins Berufsleben gestartet. Es war eine hübsche, kleine Wohnung in einer angenehmen Gegend, Parterre mit einem fast ebenerdigen Balkon. Und da saß ich abends nach der Arbeit, einer ungewohnten und deshalb ziemlich anstrengenden Arbeit, las ein Buch oder versuchte es zumindest. Gedankenverloren hatte ich die Augen geschlossen und wäre bestimmt eingeschlafen, wenn es nicht plötzlich neben meinem Ohr geschnurrt hätte. Merkwürdig, dass ich mich nicht fürchterlich erschreckt habe.

Ich öffnete die Augen, schaute nach rechts – auf meinem Balkontischchen saß eine Katze. Ich saß im Liegestuhl, unsere Köpfe auf gleicher Höhe und etwa dreißig Zentimeter voneinander entfernt. So sahen wir uns in die Augen, in aller Ruhe, und obwohl mir die Katze völlig fremd war und ich im Leben auch noch nie eine Katze gehabt hatte, war es mir, als könnte ich sagen: „Ach, schön dich zu sehen."

Die Katze, rotmeliert mit breitem Kopf, schien meinen Ausdruck zu verstehen, ja, zu teilen, denn nachdem wir uns eine Weile angeschaut hatten, stieg sie, zwar vorsichtig, aber doch wie selbstverständlich, vom Tisch auf meinem Bauch, machte es sich dort gemütlich und zeigte mir so deutlich an, was sie von mir wollte: gestreichelt werden.

Sie war dabei aber keineswegs fordernd, sondern gab sich ruhig und entspannt dem Gestreicheltwerden hin, wie ich mich dem Streicheln, sodass Geben und Nehmen zu einem zärtlichen, vertrauten, harmonischen Gemeinsamen verschmolz.

Ich merke schon, das hört sich etwas kitschig an, aber es war damals, gerade weil es so überraschend und genaugenommen völlig unwahrscheinlich war, ein ganz besonderes Erlebnis.

Doch auch besondere Erlebnisse dauern keine Ewigkeit, obwohl sie währenddessen so erscheinen, irgendwann gehen sie vorbei. In diesem Fall war es wohl der Hunger – nicht nur der der Katze. Ich machte uns beiden etwas zu essen. Katzenfutter war natürlich nicht da, aber ein Stückchen Käse, ein bisschen Leberwurst, ich hatte auch noch etwas Hühnerbrust – alles in allem ein Festmahl für eine Katze. Zu Trinken bekam sie Wasser – dass Milch irgendwie nicht so toll sei für Katzen, spukte mir im Hinterkopf herum. So saßen wir friedlich beieinander und aßen zu Abend.

Nach dem Essen, das ihr offensichtlich auch sehr gut gefallen hatte, verschwand sie wieder. Sie ist einfach gegangen, ohne sich umzuschauen. Umschauen, wenn man weggeht, ist aber, so glaube ich, etwas ausgesprochen

Menschliches. Tiere gehen oder bleiben, Menschen gehen und schauen sich dabei um.

Am nächsten Tag besorgte ich Katzenfutter, die verschiedensten Sorten, viel zu viel, als ob ich einen Tiger erwarten würde. Dabei wusste ich ja gar nicht, würde sie überhaupt noch mal kommen?

Als ich an diesem Abend auf meinem Balkon saß, war ich weder müde noch entspannt. Ich war zu unruhig, um zu lesen und ganz kribbelig, voller Erwartung. Ich kenne das aus leidvoller Erfahrung, immer, wenn ich ganz besonders auf etwas warte, tritt es mit ziemlicher Sicherheit nicht ein. Mein eher durchwachsenes Liebesleben und meine nicht gerade preisgekrönten Versuche auf dem Gebiet der Beziehungen sind voll von Erfahrungen, die man wohl besser Enttäuschungen nennen sollte.

Aber ich wartete ja auf eine Katze, nicht auf einen untreuen Liebhaber. Und so kam sie in etwa zur gleichen Zeit wie am Tag zuvor. Sie begrüßte mich wie eine vertraute Freundin, hatte keinerlei Hemmungen, war unglaublich schmusig.

Und das Fressen feierte sie geradezu. Ich hatte mehrere kleine Teller zurechtgemacht mit ganz feinem Katzenfutter in verschiedenen Geschmacksrichtungen. So etwas hatte sie offensichtlich noch nie bekommen. Sie konnte sich gar nicht entscheiden, wechselte aufgeregt zwischen den Tellern hin und her, sodass sie fast nicht zum Fressen kam. Dabei schnurrte sie wie verrückt und warf mir verliebte Blicke zu.

Es war der Beginn einer sehr glücklichen Zeit. Von nun an kam die Katze jeden Tag zu mir. Wir wurden immer vertrauter, man kann sagen, selbstverständlicher. Ich hatte es nicht leicht damals, als Berufsanfängerin in meiner Firma. Umso mehr freute ich mich jeden Tag auf mein Zuhause und auf meine Katze. Denn obwohl sie jeden Abend wieder verschwand, also nie bei mir übernachtete, hatte ich tatsächlich das Gefühl, es sei meine Katze. Inzwischen hatte ich ihr auch schon einen Namen gegeben: Jane.

An den Wochenenden fand sie sich bald früher ein, sie hatte mitbekommen, dass ich dann auch tagsüber da war. Wir näherten uns immer weiter an. Gelegentlich kam sie sogar schon vom Balkon in meine Wohnung. Aber es schien ihr wichtig, nicht zu weit von der offenen Tür entfernt zu sein. Es waren auch eher Stippvisiten – das eigens angeschaffte Katzenklo blieb unberührt. Doch es war Sommer, ein ungewöhnlich schöner Sommer und so war auch ich hauptsächlich draußen.

Mein Angebot, die Gartenarbeit für unser kleines Mietshaus zu übernehmen, war von der Vermieterin dankbar angenommen worden. Und während ich buddelte, pflanzte und jätete, lag Jane gemütlich auf ihrem Platz, schaute mir bei meinen aus ihrer Sicht wahrscheinlich merkwürdigen Tätigkeiten wohlwollend zu und fand das Ganze offensichtlich so beruhigend, dass sie regelmäßig einschlief.

Doch im selben Maße, wie Jane immer mehr zu meiner Katze geworden war, begann ich mir auch Gedanken zu machen. Vielleicht wurde sie woanders schmerzlich vermisst? Warum ging sie abends weg? Hatte sie vielleicht noch ein anderes zu Hause? Wenn sie jemand anderem gehörte, so würde der sie aber nicht gerade reichlich füttern. Denn wenn das der Fall gewesen wäre, hätte sie ja schlecht bei mir mit so viel Appetit essen können, ohne aus den Nähten zu platzen. Sie war zwar wohl genährt, aber keinesfalls übergewichtig.

Ich machte in der Folgezeit einige Versuche, die (Vor-) Besitzer von Jane ausfindig zu machen. Ich hängte Zettel an Bäume und Laternen mit der Nachricht: „Vermisst jemand eine Katze?", sowie einer kleinen Beschreibung. Zugegeben, meine Bemühungen waren ziemlich halbherzig. Es waren wenige Zettel, klein und ohne Foto. Es ging mir wohl eher darum, mein Gewissen zu beruhigen. Ich hoffte natürlich inständig, dass sich niemand melden würde.

Die Zeit verging, es wurde Herbst. Die Zettel taten genau das, was auch die Blätter der Bäume taten, sie vergilbten und fielen ab. Gemeldet hatte sich niemand. Jane war also endgültig meine Katze. Ich ging mit ihr zur Tierärztin, ließ sie untersuchen und impfen, besorgte ihr ein kleines Halsband mit integrierten Adressentäschchen – was man halt so macht, wenn man eine Katze hat.

Zwei Dinge hatten sich aber nicht geändert, Jane vermied den Aufenthalt in der Wohnung und sie verschwand – wie gehabt – jeden Abend und blieb über Nacht weg.

Mich machte das ganz unruhig. Wo war sie in den Nächten nur? Bei dieser Kälte, Mitte Oktober kann es ja auch schon mal frieren.

Außerdem konnte ich ja schlecht den ganzen Winter die Balkontür nur angelehnt lassen, Stichwort Einbrecher und Heizkosten.

So reifte in mir der Entschluss, Jane zu einer Wohnungskatze zu machen, zumindest vorübergehend.

Das nächste Mal, als sie in die Wohnung kam – es gab etwas sehr Leckeres – machte ich einfach die Tür zu. Wie üblich protestierte sie in der Erwartung, ich würde sie gleich wieder herauslassen. Erst langsam wurde ihr klar, dass ich das nicht vorhatte. Sie verstand mein Verhalten offensichtlich überhaupt nicht und wirkte sehr verstört. Es tat mir fürchterlich Leid, ihr das anzutun. Aber obwohl ich mich dabei schrecklich fühlte, war ich fest entschlossen, standhaft zu bleiben. Ich war überzeugt, dass es ja auch in ihrem Interesse war, diese Angst vor geschlossenen Räumen zu überwinden. Vielleicht hatte sie irgendwann mal schlechte Erfahrungen gemacht, nun hatte sie die Möglichkeit zu lernen, dass gar nichts Schlimmes passiert. Schlimmes würde ihr doch eher draußen passieren, im Winter, im Dunkeln, im Kalten. Bestimmt würde sie sich ganz schnell an die neue Situation gewöhnen, versuchte ich mir die Sache schön zu reden.

Schön war es in den darauf folgenden Tagen allerdings nicht. Jane kratzte zwar nicht mehr an der Balkontür – sie hatte, klug wie sie war, schnell begriffen, dass ich mich nicht erweichen ließ.

Aber sie war völlig verändert. Sie aß wenig, hatte kein Interesse an Spielen und Schmusen. Sie wirkte apathisch und meinen Annäherungsversuchen ging sie aus dem Weg, ja ich hatte das Gefühl, sie würde sich regelrecht vor mir verstecken.

Ich hätte diesen Zustand bestimmt nicht mehr lange durchgehalten und sie – gegen meine Überzeugung – wieder nach draußen gelassen. Doch das Schicksal hatte anderes mit mir vor.

Zwei Tage nach dem Beginn des Experiments „Wohnungskatze" kam ich von der Arbeit nach Hause. Als ich die Wohnungstür öffnete, erwartete mich nicht meine Katze. Mehr überrascht als erschrocken sah ich auf einen Männerrücken – ein Fremder stand in meiner Wohnung. Der Rücken drehte sich um – er hatte eine sympathische Vorderseite.

Er schien erschrocken, er bitte vielmals um Entschuldigung, die Nachbarin hätte ihn reingelassen, er wäre aber auch angemeldet gewesen. Ach ja, der Techniker für die Heizungswartung – der war wirklich angemeldet, hatte ich vergessen.

Wir standen uns für einen Moment unschlüssig gegenüber. Wenn ich es mir recht überlege, war das schon in diesem ersten Augenblick die Art von Unschlüssigkeit, die nur auftritt, wenn zwischen zwei Menschen etwas im Raum steht – was dann dazu führt, dass sie unschlüssig im Raum stehen.

Dann sagte er das Falsche: „Ach ja, ich habe die Katze rausgelassen."

„Was hast du?", platzte es aus mir heraus. Im Nachhinein eigentlich merkwürdig, dass ich ihn gleich geduzt habe, aber das lag wohl an der eben beschriebenen „Unschlüssigkeit".

„Na sie hat so gekratzt und so miaut und so geguckt …", gab er entschuldigend von sich: „Sollte ich da etwa nicht … ?" Er guckte dabei ziemlich schuldbewusst.

„Nein", meinte ich, inzwischen etwas ruhiger, „aber das konntest du natürlich nicht wissen – das ist eine längere Geschichte."

Und ich erzählte ihm von meiner Katze, von dem sonderbaren und schönen Anfang und von den stressigen letzten Tagen. Die Art und Weise, wie er mir zuhörte, mich ansah, an den richtigen Stellen das Richtige sagte und mich am Ende tröstend in den Arm nahm, tröstete mich wirklich. Bevor er ging, drehte er sich noch einmal um, ziemlich abrupt, als hätte er innerlich mit sich gerungen: „Ich würde dich gerne zum Essen einladen … also nicht nur wegen der Katze – auch deshalb – aber vor allem wegen …"

„Gerne", unterbrach ich ihn und versuchte dabei so cool wie möglich zu wirken. Nun hatte ich keine Katze mehr, aber eine Verabredung.

Die nächsten zwei Tage wurden bestimmt von einem ziemlich verwirrenden Gemisch unterschiedlicher Gefühle. Einerseits, Jane ließ sich nicht blicken. Ich vermisste sie, sehr sogar. Sorgen machte ich mir eigentlich keine, sie wusste ja, wie man draußen zu Recht kommt. Ich lief durch unser Viertel, schaute überall – kein Erfolg. Aber ich hatte ja auch nie gewusst, wo sie rumstromert, wenn sie nicht bei mir ist.

Auf der anderen Seite versuchte ich mich nicht zu sehr auf mein Date mit Christian zu freuen, was mir nicht besonders gut gelang – ich war schon sehr gespannt. Wie gesagt, sehr widersprüchliche Gefühle.

Zwei Tage später saß ich also auf meinem Balkon – für Ende Oktober war es noch wunderbar mild – hatte die Haustür gut im Blick und wartete mit einem guten und sicheren Gefühl auf Christian … Und wartete mit freudiger Aufregung und etwas Unruhe auf Christian … Und wartete mit leiser Verzweiflung auf Christian …

Vergehende Zeit kann so erbarmungslos sein. Hatte ich denn nie Glück? War die ganze Verabredung nur aus einem blöden Schuldgefühl heraus entstanden? Ich wollte es nicht glauben.

Und ich wartete – und wurde immer hoffnungsloser. Die vereinbarte Zeit war schon lange vorbei. Langsam kam sie über mich, ergriff mich voll und ganz, diese große graue einsame Enttäuschung. Ich schloss die Augen – wie müde ich war.

Ich muss kurz weggedämmert sein. Geweckt wurde ich von einem vertrauten Geräusch, direkt neben meinem Ohr – ein Schnurren.

„Da bist du ja endlich", sagte ich. Jane berührte mein Gesicht mit ihrem und stieg dann langsam – wie gehabt – auf meinen Schoß, schloss die Augen und gab sich dem Gestreicheltwerden hin.

Ich schloss auch wieder die Augen, ein tiefes Gefühl von Frieden und Glück überkam mich – mir fehlte es doch an nichts – Männer, wer braucht die denn ...

Plötzlich ein Räuspern. Ich schreckte hoch. „Es tut mir so leid, Stau, wollte dich anrufen, Polizei, Handy am Steuer, Polizei, teuer ...", Christian stand da, atemlos, schuldbewusst.

Und ich? Erst verdattert, dann aber durchaus in der Stimmung, die Entschuldigung anzunehmen ...

PS. Christian hat dann ziemlich bald eine Katzenklappe eingebaut – Lösungen können manchmal ganz einfach sein.

Nora braucht Ausgang

„Ach halt die Klappe!", schrie ich völlig außer mir. Das ist sonst nicht meine Art. Ich gelte als ruhiger, besonnener Typ. Sonst wird mir eher geraten, doch ein bisschen aus mir raus zu gehen, mal Emotionen zu zeigen. Und dass ich meine Frau anbrülle, kommt eigentlich gar nicht vor – kam aber. Ihre Reaktion war damals eher kühl: „Ich hoffe sehr, dass die Klappe hält!" Womit sie natürlich nicht ihre meinte – aber ich fange am besten am Anfang an.

Am Anfang war die Klappe – nein – am Anfang war natürlich die Katze, unsere Katze Nora, eine wunderhübsche, vielleicht etwas eigenwillige Siamkatze, und für Nora sollte die Klappe sein, eine Katzenklappe. Meine Frau Marie und ich waren im Frühjahr eingezogen, in unser erstes eigenes Haus, frisch renoviert und in einer Gegend, in der unsere geliebte Katze gefahrlos auch nach draußen konnte. Und damit sie das konnte, musste eine Katzenklappe her, naheliegenderweise in die Terrassentür.

Anfangs hatten wir gar nicht daran gedacht, wir dachten nämlich, was soll die Mühe, wenn Nora raus will, wird sie sich vor die Terrassentür setzen und miauen, dann lässt man sie raus und wenn sie rein will, lässt man sie rein. Das wird zwei- dreimal am Tag vorkommen und ist jedes Mal ein netter Anlass, ein bisschen mit der Katze zu spielen. Das hatten wir gedacht. Denkste! Unsere Katze litt nämlich unter der Ich-kann-mich-nicht-entscheiden-Krankheit, auch bekannt unter dem Namen Rein-Raus-Syndrom – wenn sie drinnen war, wollte sie raus, wenn sie draußen war, wollte sie rein. Manchmal in einem so schnellen Wechsel, dass es mir so vorkam, sie würde sich gleich selbst überholen, dass sie schon wieder raus wollte, obwohl sie noch draußen war.

Jedes Mal, wenn ihr nach einem Ortswechsel war, miaute sie natürlich, rief sozusagen nach der Bedienung. Und sie war dabei in keiner Weise zurückhaltend, was die Lautstärke und Vehemenz ihrer Willensbekundungen anging. Wir wurden seinerzeit schon von besorgten Nachbarn gefragt, ob unsere Katze denn krank sei, sie würde ja offenkundig sehr leiden und ob wir denn auch alles richtig machen würden, so im Sinne des Tierschutzes. Und dann guckten sie so merkwürdig forschend.

Als es dann auf den Sommer zuging, war das Problem dann erstmal kein Problem mehr – die Tür blieb tagsüber einfach offen und nachts hatte unsere liebe Nora dankenswerterweise nach wie vor die Angewohnheit, im Haus zu übernachten.

Doch dann wurde es Herbst, die Heizsaison begann und es musste etwas geschehen. Ich nahm mir also vor, eine Katzenklappe einzubauen. Eigentlich wollte ich das schon im Sommer gemacht haben, aber da gibt es ja das Naturgesetz: Je weniger nötig etwas ist, um so mehr kommt dazwischen – oder so ähnlich. Jetzt war es aber nötig, und da ich über einiges handwerkliches Geschick verfüge, stellte ich mir die Sache nicht so schwierig vor. Ich mache in diesem Zusammenhang immer den gleichen Scherz – meine Frau verdreht schon jedes Mal die Augen – ich behaupte, ich hätte zwei linke Hände – dann kommt eine Kunstpause – und dann der Gag: „Aber ich bin Linkshänder!"

Als ich jung war – und aus diesem Satzanfang hört man schon heraus, dass ich mit zweiundfünfzig nicht mehr unbedingt als jung durchgehe, zumindest nicht bei den Jungen – da war der Einbau einer Katzenklappe das Einfachste auf der Welt. Man hob die Tür, in die die Klappe sollte, aus den Angeln, sägte ein quadratisches Feld (ca. 20 x 20 cm) heraus, befestigte an diesem Feld ein Scharnier – so eins wie bei einer Saloontür, das in beide Richtungen pendeln kann – schraubte dieses Feld wieder in die Tür, hängte die Tür wieder in die Angeln und – fertig!

Weil selbst bei dieser einfachen Art das eine oder andere schief ging, dauerte das zwei bis drei Stunden oder einen halben Tag, weil noch die Lackschäden auszubessern waren und das mir dem Scharnier meist erst beim dritten Mal klappte. Aber dann war es fertig – früher. Aber es ist nicht mehr früher.

Erste Hürde: Es gibt keine Angeln mehr. Angler werden an dieser Stelle entschieden widersprechen – ich meine natürlich Türangeln z. B. an Terrassentüren. Heutzutage ist das alles ganz anders. Um eine Terrassentür auszuhängen, sind Spezialschrauben zu lösen. An die kommt man leider nur heran, wenn man das System der Spezialabdeckungen der Spezialschrauben durchschaut. Diese Abdeckungen haben eigentlich keine Funktion. Es wird behauptet, sie wären dazu da, die Schrauben zu verbergen und die Tür damit ästhetischer aussehen zu lassen. Das ist gelogen. Sie dienen nur einem Zweck, der Heimwerker soll entmutigt werden, er soll gefälligst den sündhaft teuren Servicedienst bestellen. Wenn man aber ein passionierter Heimwerker ist, so wie ich, dann gibt man nicht so schnell klein bei. Ich habe es schließlich auch geschafft, die Abdeckungen zu entfernen, allerdings ohne ihr System zu durchschauen – ein Hammer war mir behilflich. Ich muss gestehen, bisweilen werde ich in solchen Situationen ein wenig cholerisch – manchmal auch ein wenig mehr, als ein wenig.

Meine Frau, angelockt durch den Lärm, den ich veranstaltete, war sichtlich schockiert, als sie sah, wie ich wild fluchend auf besagte Abdeckungen einhämmerte. Mein Fluchen wurde nicht leiser, als ich feststellte, dass die

Abdeckung, die ich nun erfolgreich überwunden hatte, Spezialschrauben abgedeckt hatte, die nur mit Spezialwerkzeug zu lösen waren.

Wie schon erwähnt war meine Frau inzwischen etwas besorgt um meine Gesundheit, Stichwort Blutdruck. Sie versuchte wirklich, mich zu beruhigen, das halte ich ihr zugute. Doch ihr Satz: „Hol doch einen Handwerker, irgendjemanden, der sich damit auskennt", bewirkte natürlich genau das Gegenteil. Übrigens, zu diesem Zeitpunkt fand der anfangs beschriebene Wortwechsel statt.

Wie konnte sie nach siebenundzwanzig Jahren Ehe immer noch so wenig von Männern verstehen, beziehungsweise mich so wenig kennen. Ihr Rat hieß im Subtext nichts anderes als: Gib doch zu, dass du ein bisschen ungeschickt bist und so etwas Schwieriges nur von einem echten Fachmann erledigt werden kann. Ob sie das extra gemacht hat? Eher nicht. Im Nachhinein und mit etwas Abstand, gehe ich davon aus, dass ihr nicht klar war, dass ich nach so einem Ratschlag, überhaupt nicht anders konnte, als die Sache auf Gedeih und Verderb selbst zu machen. Wahrscheinlich hat sie intuitiv gewusst, dass uns diese Umbaumaßnahme viel Ärger einbringen würde. Und vernünftig, wie sie ist, fiel ihr als Ausweg ein Handwerker ein – wie gesagt, meine Frau versteht nichts von Männern.

Unsere Katze fand das Ganze äußerst interessant, sie mag Trubel im Allgemeinen und sie liebt es geradezu, wenn ich hektisch hin und her laufe, mich aufrege und fluche. Ich glaube, sie hält das für so eine Art Spiel, deren Regeln sie zwar nicht versteht – aber sie will ja auch nicht mitspielen. Im Gegenteil, sie wird dann ganz ruhig, beobachtet das Geschehen fasziniert und fühlt sich offenbar bestens unterhalten. Nur die Phase mit dem wilden

Hämmern und Brüllen fand sie dann wohl doch ein bisschen zu exzessiv. Mit einem Gesichtsausdruck, den man deuten könnte als „nun übertreibt er aber", zog sie sich zurück.

Für diesen Tag war es natürlich erst mal mit der Heimwerkerei vorbei. Spezialwerkzeug für Spezialschrauben bekommt man selbstverständlich nur in Spezialläden – das kann man sich ja denken. Und solche Spezialläden sind versteckt in schwer zugänglichen Nebenstraßen, in verlassen scheinenden Hinterhöfen oder in abgelegenen Gewerbegebieten. Zudem sind sie selten, haben unmögliche Öffnungszeiten und astronomische Preise.

Es dauerte also ein paar Tage, aber der fünfte Spezialladen hatte tatsächlich das Werkzeug, das ich brauchte. Solche Läden sind keine normalen Läden. Mitarbeiter und auch die Stammkunden scheinen einem Zirkel der Wissenden anzugehören. Sie haben eine Art Geheimsprache, ein exemplarischer Dialog: Habt ihr den GTS von MTU da, 22 mm für den G9? / nein, aber das PIT-85 von Overcraft, das amtliche Nachfolgeersatzteil / O.K., nehm' ich.

Als Uneingeweihter wird man normalerweise erst nach einer mindestens 15-minütigen Wartezeit bedient, auch wenn der Laden vollkommen leer ist. Hat man allerdings die Frechheit zu drängeln oder sich gar zu beschweren, kann man sicher sein, dass das benötigte Teil nicht vorrätig ist.

In meinem Fall waren die Mitarbeiter aber durchaus freundlich und hatten sogar Interesse an meinem Problem. Warum ich denn die Tür ausbauen wolle? Als ich dann wahrheitsgemäß von der Katzenklappe berichtete, schauten sie so komisch, als ob sie nicht so recht wüssten, ob ich das ernst meinen würde oder ob sie über meinen Scherz lachen sollten. Ich überging diese peinliche Situation, bekam das gewünschte Werkzeug, bezahlte und ging. Ach, hätte ich nur nachgefragt, hätte ich doch auf ihre unausgesprochene Verwunderung reagiert.

Sehr zur Freude unserer Katze fing ich also bei nächster Gelegenheit an, mich wieder zu Hause mit der Katzenklappenangelegenheit zu beschäftigen. Nora hatte sich einen leicht erhöhten Beobachtungsplatz gesucht und verfolgte erwartungsfroh das Geschehen. Erst klappte alles ganz ausgezeichnet, die Schrauben ließen sich problemlos lösen und mir gelang es auch, die Tür auf die vorsorglich aufgestellten Böcke zu legen – und das ohne die geringste Beschädigung. Nora schien fast ein wenig enttäuscht, sie hatte wohl etwas mehr „Action" erwartet.

Nun wollte ich das besagte Quadrat 20 x 20 cm aussägen. Doch dann kam das nächste Problem – oder sollte ich besser sagen, das eigentliche Problem? Vor meinem inneren Auge war die Katzenklappe so eine gewesen, wie ich sie von früher aus meiner Kindheit kannte. Damals waren die Türen aus Holz, und zwar massiv.

Unsere Terrassentür war aber aus Plastik und hohl. Wie ärgerlich, das nicht gleich bemerkt zu haben. Außerdem hatte sie unten eine Metallkante und eine Gummilippe als Dichtung. Eine Dichtung, die man einmal zerschneidet, ist nie wieder dicht. Meine Frau kam vorbei und fragte ganz vorsichtig, wie es denn so liefe. Ich schätze, ich war sehr einsilbig. Ich brauchte erst mal einen Kaffee.

Der hat dann auch nicht wirklich geholfen, denn danach stand ich genauso dumm da, mit der Stichsäge in der Hand, bereit zum ersten Schnitt. Wie sollte ich nach dem Sägen weitermachen? Innen alles hohl

– würde ich die Tür und die Klappe dann mit Holz verstärken? Vielleicht würde das gehen – hatte ich denn Holz in der entsprechenden Stärke? Und wie wieder zusammenbauen? Leimen? Plastik und Holz? Oder Schrauben? Sähe das nicht schrecklich aus? Gab es da nicht so Schraubenabdeckungen? Vielleicht in meinem neuen Spezialladen? War das wirklich richtig, was ich hier vorhatte, oder würde ich unsere moderne, hochfunktionale – und ungewöhnlich teure – Terrassentür zerstören?

Aber jetzt wieder aufhören, alles zurück auf Anfang und mir die dummen Sprüche meiner lieben Frau anhören? „Was soll's, dem Mutigen gehört die Welt", murmelte ich etwas halbherzig. Die Stichsäge lief an, berührte fast die Gummidichtung …

„Schatz!" – das war meine Frau. Nun war ich fast so weit gewesen. Ich schaltete die Maschine aus, drehte mich unwillig um – sie hatte unseren Nachbarn im Schlepptau. „Du, das ist Richard aus der Nummer achtzehn", sagte sie und wies auf den jungen Mann neben sich.

„Das ist ja schön, hallo Richard, aber ich hab' hier gerade was zu tun", sagte ich – nicht besonders freundlich – drehte mich um und wollte wieder sägen – jetzt erst recht. „Der Richard hat bei sich auch eine Katzenklappe eingebaut und vielleicht kann er dir ein paar Tipps geben." Was wollte dieser ungebetene Eindringling?

Gott sei Dank war Richard nicht nur überaus sympathisch und völlig unempfindlich gegen bitterböse Blicke, sondern auch sehr schnell und gradlinig. Denn bevor ich mich meines großen Heimwerkererfahrungsschatzes vor ihm rühmen konnte, um ihm so klar zu machen, dass ich nun wirklich keine Hilfe brauchen würde, kam er sofort auf den Punkt. Für moderne

Kunststofftüren gebe es sehr günstige vorgefertigte Katzenklappen mit einem überlappenden Rand. Man müsse nur ein Feld unten in der Tür ausklinken – aber natürlich nicht zu nah am Rand, sonst würde man ja die Gummilippe verletzen – dann ließe sich das Ganze locker innerhalb einer Stunde bewerkstelligen. Er könne mir da eine Klappe empfehlen, mit Lichtschranke und Chip für die Katze – es solle ja schließlich nur die eigene rein und raus. Eines würde ihn ja wundern, warum ich denn die Tür ausgebaut hätte, das wäre doch ganz und gar unnötig. Und außerdem so schwierig, man bekäme die Schraubenabdeckung nie ab. Und die Schrauben seien dann auch nicht zu lösen, dafür bräuchte man doch dieses irrsinnig teure Spezialwerkzeug, wer hätte denn sowas schon?

„Ich", sagte ich. Das war so ziemlich des einzige, was ich an diesem Tag noch gesagt habe.

Wie es weiterging? Ich habe so eine Katzenklappe besorgt und eingebaut – es ging beschämend einfach.

Manchmal ist es schwierig, sich in einer Welt zurechtzufinden, in der sich alles so schnell verändert, in der ständig alles neu ist, vor allem, wenn man selbst nicht mehr so neu ist.

Früher oder später wird es bestimmt interaktive Häuser geben, denen man Sprachbefehle gibt. Die redet man dann nicht mit „Alexa" oder „Siri" an, vielleicht nennt man sein Haus „Karl-Heinz" – das klingt so schön heimisch und solide – und dann würde man sagen: „Karl-Heinz, installier doch mal eben eine Katzenklappe in der Terrassentür", und Karl-Heinz macht das dann einfach so, bestellt die Teile im Internet, überwacht den Hausroboter, der alles einbaut und hinterher noch sauber macht.

Würde das eine bessere Welt sein? Man weiß es nicht, aber die Katze könnte raus.

Apropos Katze raus – Nora benutzt die Klappe nur sehr selten, sie ist ihr irgendwie suspekt. Sie hat es wesentlich lieber, wenn ihr jemand die Tür aufmacht.

Der Gesprächspartner

Bei mir ist es etwas anderes. Ich gehöre nicht so recht in dieses Buch, in die Reihe derer, die hier berichten. Alle anderen sind halbwegs jung, stehen mitten im Leben, ihnen passieren spannende, lustige oder romantische Sachen – ich bin ein alter Mann. Auch älter als die, denen in einer Mischung aus Scherz und Trost gesagt wird, sie wären doch noch gar nicht so alt. Auch der Spruch, man ist nur so alt, wie man sich fühlt, nützt mir nichts. Ich bin nicht nur alt, sondern ich fühle mich auch so. Wie ich trotzdem in dies Buch komme? Sie haben es sich wahrscheinlich schon gedacht, auch ich habe eine Katze.

Doch noch nicht so lange. Eigentlich hatte ich es auch gar nicht vor. Es war mein bester Freund, der mir zu einer Katze geraten hatte. Dieser Freund machte – und macht – sich fortwährend Sorgen um mich, vor allem seit meine liebe Frau Ulla vor sieben Jahren gestorben ist. Ich sei ja jetzt schon so lange alleine und meine Angewohnheit, ständig Selbstgespräche zu führen, würden keinen allzu guten Eindruck bei meiner Umgebung hinterlassen. Außerdem habe er die Befürchtung, dass ich mit der Zeit nicht nur verschroben auf andere wirken würde, sondern es auch werde.

Wie er treffend beobachtet hat, habe ich zudem eine dem Materiellen außerordentlich zugetane Verwandtschaft, um es einmal vornehm auszudrücken. Diese kann sich angesichts meines nicht unbedeutenden Vermögens, wahrscheinlich Schlimmeres als mein Ableben vorstellen. Nun gut, ich will meinen Nichten und Neffen keinesfalls unterstellen, sie hätten die Absicht in puncto Ableben in irgendeiner Form nachzuhelfen. Aber es ist durchaus vorstellbar, dass sie eine passende Gelegenheit, mich zu entmündigen, dankbar ergreifen würden.

Mir selbst ist das Selbstgespräch ein durchaus angenehmer Zeitvertreib. Man könnte auch sagen, ich unterhalte mich gern mit mir. Ich schätze mich als anregenden Gesprächspartner, einer der mich versteht wie kein zweiter und sich von meinen Argumenten überzeugen lässt. Vor allem, er widerspricht nicht ständig, wie reale Gesprächspartner das nur allzu oft tun.

Es ist natürlich manchmal auch peinlich, wen man, ohne es zu merken, bei seiner Selbstunterhaltung belauscht wird. Ich hatte in dem Zusammenhang schon über die Anschaffung so eines Handy-Ohrclips nachgedacht – keine Ahnung, ob die Dinger tatsächlich so heißen. Man sieht ja oft laut sprechende Leute mit so einem Knopf im Ohr auf der Straße herumlaufen, die so tun, als ob sie telefonieren – na ja, vielleicht tun sie's ja. Mir wäre so ein Ding als Attrappe, als Tarnung, um ungestört verschroben sein zu können, einfach zu verschroben.

Mein Freund hatte dann die Idee für mich: „Schaff dir eine Katze an. Mit Katzen kann man den ganzen Tag reden, ohne dass die Leute einen für komisch halten." Ich fand die Idee sehr gut. Sie war so passend. Einerseits bin ich Rentner, und zwar nicht einer von der Sorte, die von einer Kreuzfahrt zur nächsten hetzen. Im Gegenteil, ich bin viel und gern daheim in meiner kleinen Villa mit einem ziemlich großen, etwas verwilderten Garten – für eine Katze ideal. Außerdem habe ich Katzen immer sehr gern gemocht. Ich war direkt ein bisschen ärgerlich über mich, dass ich nicht selbst auf die Idee gekommen war.

Die Anschaffung – eine Katze aus dem Tierheim, von einer alten Dame krankheitsbedingt abzugeben – ging ebenso einfach wie schnell und so hatte ich schon zwei Wochen nach dem Rat meines Freundes einen mittel-alten, wunderhübschen Korat-Kater. Die Befürchtung meines Freundes, Korat-Katzen seien eher schwierig und kapriziös, stellte sich bald als unbe-gründet heraus. Im Gegenteil, er war freundlich, unaufdringlich, ein wenig vorsichtig und – das klingt jetzt vielleicht etwas merkwürdig als Beschreibung einer Katze, aber mir fällt kein besseres Wort ein – irgendwie sehr höflich. Auf der anderen Seite war er aber durchaus selbstbewusst, mir schien es, als seien für ihn beste Behandlung und erst-klassiges Futter eine ihm zustehende Selbstverständlichkeit.

Wirklich seltsam war sein Name, er hörte auf den Namen Wilfried. Meine anfänglichen, zugegebener-weise etwas halbherzigen Versu-che, ihn an einen anderen Namen, nämlich Fritz, zu gewöhnen, ig-norierte er einfach. Er hörte nur auf Wilfried. Aber so ein Name ist ja schließlich kein Charakterfehler, denn sein Charakter war, wie schon erwähnt, fehlerlos.

Es war also kein Wunder, dass er ein wunderbares Gegenüber für meine Selbstgespräche war. Nach einiger Zeit bekam ich sogar das Gefühl, er würde meine Vorträge, beispielsweise zu einem zeitgeschichtlichen Thema, direkt würdigen, durch Blicke und Gesten, als hätte er ein Gespür dafür, wann mir eine Argumentation besonders gut gelang. Oder auch das Gegenteil, wenn ich mich in meinen Gedankengängen mal wieder verirrt hatte und infolgedessen meine Thesen immer abstruser wurden, schien er meine Ausführungen zu missbilligen.

Das Ganze konnte ich mir natürlich auch nur einbilden. Mir ist durchaus klar, wie leicht man in einer Reaktion seine eigenen Erwartungen herausliest. Auf der anderen Seite, hatte ich denn überhaupt eine Reaktion erwartet? Wie auch immer, ich nahm die Sache nicht so ernst. Ob mein Kater nun den Anschein machte, er würde mich verstehen, konnte mir nun wirklich egal sein. Wahrscheinlich, so meinte ich damals, habe er eben besonders große empathische Fähigkeiten, das ist ja schließlich etwas sehr Positives.

Doch es kam anders. Immer öfter hatte ich das Gefühl, mein Kater gebe bestimmte Laute von sich, die – offengestanden – erschreckend wenig Ähnlichkeit mit Miauen hatte. Das war auch kein Schnurren, Knurren oder Maunzen oder sonst üblichen Katzengeräuschen – eher eine Art Murmeln. Als ich mir dessen bewusst wurde, war mir das doch ziemlich unheimlich. Und es wurde mit der Zeit immer schlimmer. Jedes Mal, wenn ich wieder zu einem Monolog ansetzte – oder besser ausgedrückt zu einem Dialog mit einem imaginären Gegenüber – so kam, und zwar haargenau an den passenden Stellen, eine Reaktion von Wilfried, mal zur Kenntnis nehmend, mal zustimmend, mal begeistert, oder aber auch skeptisch. Dabei war es sehr auffällig: Nie konnte ich es tatsächlich sehen, wenn er – ich traue mich das kaum zu sagen – wenn er sprach.

Wann immer ich den Versuch unternahm, meinen Kater genau zu beobachten, wenn ich ein Selbstgespräch führte, so schien ihm dieses Beobachten unangenehm, er wurde unruhig, drehte sich weg und es kamen nicht mehr die geringsten Äußerungen von ihm. Im Allgemeinen kommt es ja oft vor, dass Tiere Blickkontakt vermeiden, aber bei Wilfried beschränkte sich dieses Phänomen nur auf bestimmte Situationen, fast so, als ob er nicht beim Sprechen erwischt werden wollte.

Eigentlich hätten mich meine Beobachtungen ja auch beruhigen können. Dass ich meinen Kater nicht beim Sprechen beobachten konnte, musste ja wohl daran liegen, dass er nicht sprach. Also alles nur Einbildung, alles ganz normal. Wirklich alles normal? Ich glaubte meinen eigenen Beruhigungen nicht. Mir drängte sich eher die Frage auf: Bin ich noch normal?

Das Ganze hat mich damals ganz schön mitgenommen. Ich machte mir große Sorgen um meinen Geisteszustand und hatte große Angst, verrückt zu werden …

In den nächsten Wochen schlief ich schlecht, wurde schreckhaft und in meiner Neigung, mich mit mir selbst zu unterhalten, war ich doch sehr gehemmt. Jetzt war ich es, der murmelte.

Als dann aber – Wilfried war gerade im Nebenzimmer – auf mein Murmeln ein ziemlich deutliches „Wie bitte?" zu vernehmen war, wurde mir klar, ich muss etwas unternehmen. Ich konnte nicht weiter so tun, als ob nichts wäre. Mit meinem Oberstübchen schien wirklich etwas nicht in Ordnung zu sein.

Zuerst vertraute ich mich meinem Freund an. Der war einigermaßen alarmiert, als ich ihm die Umstände schilderte. „Das darfst du nicht auf die leichte Schulter nehmen", meinte er. Wenn ich die Sache nicht ernst nähme, würde ich es ihm nicht erzählen, entgegnete ich. Es ihm zu erzählen, würde aber nicht genügen, ich müsse dringend zu einem Psychiater oder so was in der Richtung gehen, das könne man nicht unbehandelt lassen. Er sah mich, während er das sagte, nicht nur freundlich und besorgt an, sondern auch, als ob ich ihm ein wenig unheimlich wäre.

Netterweise bot er sich gleich an, mir bei der Arztsuche behilflich zu sein. Doch ich gab vor, das lieber selbst zu tun. Ich hätte doch diesen Neffen, der sich auf diesem Gebiet gut auskenne und mir bestimmt einen guten, vertrauenswürdigen Psychiater empfehlen könne. Zugegeben, ich hatte nicht vor, mit meiner – ich will es mal als geistige Unpässlichkeit bezeichnen (man könnte es auch Dachschaden nennen) – meinen Neffen zu behelligen, geschweige denn, dass ich davon ausging, er könne mir jemanden empfehlen.

Aber ich wollte Zeit gewinnen. Für jemanden aus meiner Generation ist der Gedanke, sich in die Hände eines „Seelenklempners" zu begeben, eine haarige Angelegenheit. Trotzdem war mir natürlich klar, dass ich das früher oder später tun musste. So kam es, dass ich schon nach einer relativ kurzen Zeit des Zauderns und Zögerns (drei Wochen), die schlechteste aller Möglichkeiten wählte: Ich nahm einen Psychiater aus den Gelben Seiten, den ersten von der ersten Seite ganz oben – Dr. Albrecht.

Nur knappe zwei Wochen später saß ich besagtem Doktor gegenüber. Der Termin war wohl nur so schnell zustande gekommen, weil ich bei der telefonischen Anmeldung etwas von Stimmen in meinem Kopf erzählt hatte. Deshalb wurde mein Fall offensichtlich als schwerwiegend und akut gewertet.

Dieses Gefühl wurde ich dann auch im Sprechzimmer nicht mehr los, als ich dem Psychiater gegenübersaß. Wenn es mir jemals so schlecht gehen sollte, wie ich mich in diesem Augenblick fühlte, würde ich wirklich einen Psychiater brauchen – ich weiß, dieser Satz ist etwas paradox, ich war ja bei einem.

Dr. Albrecht murmelte eine Begrüßung und sagte dann erst mal nichts. Er studierte meine Unterlagen. Die einzige Regung, die ich an ihm bemerkte,

war ein kurzer Anflug der Zufriedenheit. Ich nehme an, er hatte davon Kenntnis genommen, dass ich privat versichert bin.

Während der nun folgenden Sitzung, machte sich der Doktor durchgehend Notizen, schon bevor ich überhaupt etwas gesagt hatte. War meine Macke so offensichtlich und ich ein offenes Buch für ihn, oder malte er Strichmännchen? Blickkontakt vermied er, außer jeweils zum Ende seiner Fragen. Dann schaute er mich immer so durchdringend kritisch an – ich habe es im Nachhinein den Inquisitionsblick getauft.

„Wie äußern sich die Stimmen in Ihrem Kopf? Erteilen sie Befehle? Fordern sie Sie zu aggressiven Handlungen auf?"

Die Fragen prasselten auf mich ein und gingen vollkommen an dem vorbei, was ich erlebt hatte.

„Ja, nein, ich weiß nicht ...", stammelte ich. Es schien dem Doktor zu lange zu dauern oder zu umständlich zu sein. Er fuhr mir über den Mund: „Wenn der Fall so liegt, kommen wir nicht umhin, Sie stationär zu behandeln. Ich persönlich halte das sowieso für die beste Lösung. Ich habe in meiner Privatklinik – die in Fachkreisen einen ausgezeichneten Ruf genießt – glücklicherweise noch einen Platz frei."

In der Folge wurde ich noch ausführlich aufgeklärt über die Gefahren einer nicht behandelten Schizophrenie, illustriert anhand von besonders drastischen Fällen, über das große Glück, gerade auf ihn, eine Kapazität auf diesem Gebiet, getroffen zu sein, und um wie vieles es doch besser sei, sich freiwillig in eine Klinik zu begeben, als ansonsten eventuell zwangseingewiesen zu werden. Mir wurde langsam angst und bange. Immerhin konnte ich die Zeit, in der der Doktor seinen furchteinflößenden Vortrag hielt, nutzen, um mir eine Strategie zu überlegen, um unbeschadet aus dieser Situation herauszukommen.

Eine kurze Pause in seinen Ausführungen nutze ich, um einzuwenden: „Wissen Sie Herr Doktor, ich höre zwar Stimmen bzw. eine Stimme, aber es ist die Stimme meines Nachbarn. Der führt nämlich Selbstgespräche und das in einer irrsinnigen Lautstärke." Der Doktor schaute mich völlig entgeistert an: „Und was wollen Sie dann von mir?" „Mir geht das so an die Nerven und ich dachte, Sie könnten mir vielleicht was zur Beruhigung verschreiben."

Der Kopf des Doktors wurde so rot, dass ich Angst hatte, er würde gleich platzen. „Das können Sie sich in den … die können Sie sich von Ihrem Hausarzt verschreiben lassen", brüllte er und ich hielt es für besser, das Weite zu suchen.

Dieses Erlebnis hat mich nachhaltig beeindruckt. Anschließend war mir meine eigene Verrücktheit – wenn man es denn so bezeichnen will – nur halb so unheimlich, wie der Doktor.

Nach diesem Arztbesuch hatte ich das dringende Bedürfnis, mit jemanden zu reden. Dafür war früher meine Frau da, doch jetzt ist sie eben leider nicht mehr da. Mein Freund? Der würde mir nur wieder ins Gewissen reden – natürlich in bester Absicht.

Ich brauchte jemand, der nur zuhört, der nicht wertet und keine ungefragten Ratschläge erteilt … Unwillkürlich fiel mir mein Kater dazu ein. Und ihm hab' ich alles in aller Ausführlichkeit erzählt. Ob er mir geantwortet hat? Dazu nur so viel: Es gibt Dinge im Leben, die man besser für sich behält …

Nachwort

Ich will nicht zu viel verraten …

Anders gesagt, ich kann noch nicht viel verraten, denn das, was ich nicht verraten will, kenne ich selber noch nicht so genau.

Als Erklärung: Es scheint mir so, als ob die letzte Geschichte in diesem Buch – die mit der sprechenden (oder auch nicht sprechenden) Katze, die Vorgeschichte sein wird, von dem Katzenroman, den ich schon so lange vorhabe zu schreiben und von dem, außer einer Idee und einigen Fragmenten, noch nichts existiert.

Mit so einer Ankündigung setzte ich mich natürlich einigermaßen unter Druck, den Roman auch wirklich zu schreiben – aber genau das ist meine Absicht.

Ob es allerdings tatsächlich so sein wird? Ich glaube ja – aber was glaubt man nicht so alles. Zum Beispiel, in absehbarer Zukunft einen Katzenroman zu schreiben …

Eiko Weigand

Katzen sind großartig…

Katzengeschichten

Auch bei WB erschienen / ISBN 978-3-945258-08-8